康养旅游与地区经济发展探究

李　亮◎著

中国商业出版社

图书在版编目（CIP）数据

康养旅游与地区经济发展探究 / 李亮著. -- 北京 : 中国商业出版社, 2024. 10. -- ISBN 978-7-5208-3165-9

Ⅰ. F592.7; F127

中国国家版本馆CIP数据核字第2024WJ7410号

责任编辑：袁 娜

中国商业出版社出版发行

（www.zgsycb.com 100053 北京广安门内报国寺 1 号）

总编室：010-63180647 编辑室：010-83128926

发行部：010-83120835/8286

新华书店经销

武汉市卓源印务有限公司印刷

*

710 毫米 ×1000 毫米 16 开 10 印张 150 千字

2024 年 10 月第 1 版 2024 年 10 月第 1 次印刷

定价：68.00 元

****

（如有印装质量问题可更换）

前　言

康养旅游产业作为“大健康”框架下的新兴产业，将成为我国地区经济发展重要的支柱产业。产业融合理论为康养旅游产业的融合与创新提供了理论基础，而创意发生学为康养旅游产业链的跨界、转型与升级构建了理论依据。康养旅游作为一种能促进人身心健康、能为人民群众提供全方位、全周期健康服务的新业态，从健康和旅游两个方面满足了人民群众对美好生活的向往，成为健康中国战略的重要组成部分，受到了国家层面的高度重视。健康中国战略已上升为国家战略，随着人们健康理念的普遍提升，康养旅游产业也将成为新的产业“蓝海”。为此，政策制定者、政府管理者、企业实践者和学术研究者如何系统地研究、论证和规划康养旅游产业的区域模式特征转型方向，使地区康养旅游产业的异质性、创新性和不可复制性不断凸显，地区经济发展政策布局同产业布局协同发展，均亟须探索。康养旅游作为“大健康”产业和旅游产业的复合型产业，顺应了人们旅游观念的转变和人们对健康的追求，并即将迎来重大发展机遇。康养旅游必将推进地区经济的发展，成为实现区域经济高质量可持续发展的重要引擎。

本书对康养旅游与地方经济发展的内容进行了系统的阐述与探究。本书分为七章，第一章的主要内容是康养旅游概述；第二章主要分析了康养旅游的主要类型；第三章主要阐述了康养旅游发展；第四章对旅游经济发展及模式进行了论述；第五章探讨了旅游经济效益及产业经济绩效的影响因素；第六章研究了区域经济发展理论与旅游开发；第七章对康养旅游与地区经济发展策略发表了一些看法。

本书的知识性与应用性较强，内容新颖全面，框架结构合理，可以作为康养管理、旅游管理专业，经济学专业相关人员的参考书，也可以作为康养旅游经营管理者的培训教材。

目录

CONTENTS

第一章 康养旅游概述

第一节 康养旅游产生的背景

作为20世纪的新兴产业，旅游业在全球范围内迅速发展，其绿色、环保、高效和令人愉悦的特征受到人们的青睐。旅游的主要目的本来是观赏优美的自然风光、体验独特的风土人情，然而，随着经济社会的发展，人们对于旅游的追求和渴望也发生了显著变化。社会与环境的压力迫使人们改变出游的方式和目的，健康、养生、休闲的旅游方式逐渐进入大众的视野，康养旅游应运而生，康养产业如雨后春笋般蓬勃兴起。

随着城乡居民生活节奏的加快以及受环境污染等因素的影响，我国“亚健康”人群数量日益增多，健康领域的话题越来越受重视。据统计，城乡居民在医疗保健方面的支出占人均消费支出的比重呈明显增长趋势。在我国逐步进入老龄化社会和“亚健康”人群数量所占比重日益上升的社会背景下，康养旅游产业应社会需求而生，蕴藏着巨大的市场空间。

一、经济社会发展背景

（一）经济发展背景

追求健康、幸福、快乐、休闲的生活方式已成为现代社会的共同目标，而康养旅游作为高层次的消费需求则满足了现代人的这些需求。中共中央、国务院发布的《“健康中国2030”规划纲要》指出，积极促进健康与养老、旅游、互联网、健身休闲、食品融合，催生健康新产业、新业态、新模式。培育健康文化产业和体育医疗康复产业。制定健康医疗旅游行业标准、规范，打造具有国际竞争力的健康医疗旅游目的地。党的十九大提出，实施健康中国战略，“大健康”产业成为经济发展的又一新引擎。

随着我国社会主义经济建设的持续发展，人民生活水平不断提高。人们在衣食住行的基本需求得到满足之后，越来越重视身心健康以及高质量的生活。家庭经济收入的增长，特别是老年人购买能力的不断增强，为他们追求健康、休闲、养生的生活方式提供了经济基础。在我国乡村振兴战略的推动下，乡村建设如火如荼。如今的乡村环境优美、生态宜居、乡风文明、设施齐全，乡村旅游建设快速发展。绿水青山就是金山银山。随着我国环境治理不断取得成效，“绿色 +”产业蓬勃兴起。乡村旅游、森林公园、现代农业园、中药博览园等绿色产业天然地成为孕育康养旅游的基本盘。

自 2014 年以来，我国陆续出台了一系列发展康养旅游的相关政策，为康养旅游的发展提供了政策保障。2016 年 1 月，文化和旅游部发布了《国家康养旅游示范基地》（LB/T 051–2016）行业标准，将康养旅游基地建设标准化和规范化。康养示范基地、康养小镇、康养城市、森林康养公园等康养服务与产品如雨后春笋般蓬勃发展。自此，我国康养旅游建设步入快车道（见表 1–1）。

表 1–1　我国康养旅游相关政策一览表

序号	发布时间	文件 / 政策名称	主要观点
1	2014 年 8 月	《国务院关于促进旅游业改革发展的若干意见》	1. 要积极发展休闲度假旅游，推动形成专业化的老年旅游服务品牌，并发展特色医疗、疗养康复、美容保健等医疗旅游，养生旅游是医疗旅游里的细分行业。 2. 依托当地区位条件、资源特色、市场需求，挖掘文化内涵，发挥生态优势，突出乡村特点，开发一批形式多样、特色鲜明的乡村旅游产品。 3. 推动乡村旅游与新型城镇化有机结合，合理利用民族村寨、古村古镇，发展有历史记忆、地域特色、民族特点的旅游小镇，建设一批特色景观旅游名镇名村。 4. 加强乡村旅游从业人员培训，鼓励旅游专业毕业生、专业志愿者、艺术和科技工作者驻村帮扶等
2	2015 年 8 月	《关于进一步促进旅游投资和消费的若干意见》	1. 大力开发休闲度假旅游产品，鼓励社会资本大力开发温泉、滑雪、滨海、海岛、山地、养生等休闲度假旅游产品。 2. 积极发展老年旅游具体措施，加快制定实施全国老年旅游发展纲要，各地要加大对乡村养老旅游项目的支持，鼓励进一步开发完善适合老年旅游需求的商业保险产品。 3. 支持研学旅行发展的操作方案。支持建设一批研学旅行基地，鼓励各地依托自然和文化遗产资源、红色旅游景点景区、大型公共设施、知名院校、科研机构、工矿企业、大型农场开展研学旅行示范产品

续表

序号	发布时间	文件 / 政策名称	主要观点
3	2016 年 1 月	《国家康养旅游示范基地标准》	1. 将康养旅游定义为：通过养颜健体、营养膳食、修心养性、关爱环境等各种手段，使人在身体、心智和精神上都能达到自然和谐的优良状态的各种旅游活动的总和。 2. 康养旅游示范基地应包括康养旅游核心区和康养旅游依托区两个区域，康养旅游核心区具备独特的康养旅游资源优势，而康养旅游依托区能为核心区提供产业联动平台，并在公共休闲、信息咨询、旅游安全、休闲教育等公共服务体系上给予有力保障。 3. 通过丰富康养旅游内容，打造一批产业要素齐全、产业链条完备、公共服务完善的综合性康养旅游目的地，推动康养旅游示范基地建设
4	2016 年 4 月	《中国生态文化发展纲要（2016—2020 年）》	1. 我国拥有 4300 多个森林公园、湿地公园、沙漠公园和 2189 处林业自然保护区，森林旅游和林业休闲服务业年产值 5965 亿元；森林文化、生态旅游、休闲养生等生态文化产业，正在成为最具发展潜力的就业空间和普惠民生的新兴产业。 2. 以国家级森林公园为重点，建设 200 处生态文明教育示范基地、森林体验基地、森林养生基地和自然课堂。 3. 推进多种类型、各具特色的森林公园、湿地公园、沙漠公园、美丽乡村和民族生态文化原生地等生态旅游业，健康疗养、假日休闲等生态服务业。 4. 推动与休闲游憩、健康养生、科研教育、品德养成、地域历史、民族民俗等生态文化相融合的生态文化产业开发，加强基础设施建设，提升可达性和安全性。 5. 发展具有历史记忆、文化底蕴、地域风貌、民族特色的生态文化村，打造崇尚“天人合一”之理、倡导中华美德之风、遵循传承创新之道、践行生态文明之路的美丽乡村和各具特色的发展模式

续表

序号	发布时间	文件 / 政策名称	主要观点
5	2016 年 5 月	《林业发展“十三五”规划》	1. 主要目标：森林年生态服务价值达到 15 万亿元，林业年旅游休闲康养人数力争突破 25 亿人次。 2. 做大做强森林等自然资源旅游，大力推进森林体验和康养，发展集旅游、医疗、康养、教育、文化、扶贫于一体的林业综合服务业。 3. 加大自然保护地、生态体验地的建设力度，开发和提供优质的生态教育、游憩休闲、健康养生养老等生态服务产品。 4. 重点强调发展森林旅游休闲康养产业，构建以森林公园为主体，湿地公园、自然保护区、沙漠公园、森林人家等相结合的森林旅游休闲体系，大力发展森林康养和养老产业。到 2020 年，各类林业旅游景区数量达到 9000 处，森林康养和养老基地 500 处，森林康养国际合作示范基地 5 ～ 10 个
6	2016 年 10 月	《“健康中国 2030”规划纲要》	1. 发展健康服务新业态。积极促进健康与养老、旅游、互联网、健身休闲、食品融合，催生健康新产业、新业态、新模式。培育健康文化产业和体育医疗康复产业。制定健康医疗旅游行业标准、规范，打造具有国际竞争力的健康医疗旅游目的地。大力发展中医药健康旅游。打造一批知名品牌和良性循环的健康服务产业集群，扶持一大批中小微企业配套发展。 2. 鼓励发展多种形式的体育健身俱乐部，丰富业余体育赛事，积极培育冰雪、山地、水上、汽摩、航空、极限、马术等具有消费引领特征的时尚休闲运动项目，打造具有区域特色的健身休闲示范区、健身休闲产业带
7	2017 年	“中央一号文件”	大力发展乡村休闲旅游产业。充分发挥乡村各类物质与非物质资源富集的独特优势，利用“旅游 +”“生态 +”等模式，推进农业、林业与旅游、教育、文化、康养等产业深度融合

续表

序号	发布时间	文件 / 政策名称	主要观点
8	2018 年	“中央一号文件”	1. 实施休闲农业和乡村旅游精品工程，建设一批设施完备、功能多样的休闲观光园区、森林人家、康养基地、乡村民宿、特色小镇。 2. 加快发展森林草原旅游、河湖湿地观光、冰雪海上运动、野生动物驯养观赏等产业，积极开发观光农业、游憩休闲、健康养生、生态教育等服务。创建一批特色生态旅游示范村镇和精品线路，打造绿色生态环保的乡村生态旅游产业链
9	2019 年 3 月	《关于促进森林康养产业发展的意见》	1. 到 2022 年建设国家森林康养基地 300 处，到 2035 年建设 1200 处。 2. 规范了森林康养的定义，森林康养是以森林生态环境为基础，以促进大众健康为目的，利用森林生态资源、景观资源、食药资源和文化资源，并与医学、养生学有机融合，开展保健养生、康复疗养、健康养老的服务活动。 3. 健全森林康养基地建设标准，建设森林康复中心、森林疗养场所、森林浴、森林氧吧等服务设施。积极发展森林浴、森林食疗、药疗等服务项目，大力开发中医药与森林康养服务相结合的产品。创建一批国家级和省级森林康养基地，打造生态优良、功效明显的森林康养环境
10	2021 年 5 月	《国务院办公厅关于科学绿化的指导意见》	实施草原保护修复重大工程，加快退化草原恢复，提升草原生态功能和生产能力。采取有偿方式合理利用国有森林、草原及景观资源开展生态旅游、森林康养等，提高林草资源综合效益

序号	发布时间	文件 / 政策名称	主要观点
11	2023 年 2 月	《文化和旅游部关于推动非物质文化遗产与旅游深度融合发展的通知》	1. 非物质文化遗产涉及不同门类，要找准各门类非物质文化遗产与旅游融合发展的契合处、联结点。深入挖掘民间文学的价值和精神内涵，讲好当地传说故事，让游客了解地方历史文化。鼓励面向游客开展传统表演艺术类非物质文化遗产展演。积极开发传统工艺产品，丰富旅游商品内涵。将传统体育、游艺纳入旅游体验。依托传统医药类非物质文化遗产发展康养旅游。挖掘饮食类非物质文化遗产的丰厚内涵，让游客体验当地民众的生活方式，体会中国人顺应时节、尊重自然、利用自然的思想理念和独特智慧。发挥传统节日、民俗活动参与性强的特点，让游客感受当地民风民俗，提升中华文化认同感。 2. 支持将非物质文化遗产与乡村旅游、红色旅游、冰雪旅游、康养旅游、体育旅游等结合，举办“非遗购物节”“非遗美食节”等活动，发展非物质文化遗产旅游。鼓励将非物质文化遗产或相关元素融入国家文化产业和旅游产业融合发展示范区、夜间文化和旅游消费集聚区、主题公园、旅游饭店，融入机场、高铁站、高速公路服务区、游客服务中心等相关基础设施建设。鼓励将旅游民宿与非物质文化遗产资源有效对接，推出一批体现非物质文化遗产特色的旅游民宿。鼓励旅游演艺创作从非物质文化遗产中汲取灵感和素材，将非物质文化遗产蕴含的核心思想理念、传统美德、人文精神，运用丰富的艺术形式进行当代表达。鼓励旅行社等旅游企业制作相关非物质文化遗产导游词、宣传册、宣传视频等，提升旅游目的地吸引力

工业革命以后，欧洲国家的社会经济快速发展，科技水平日益进步，生活水平及收入水平也不断提高。人们在疯狂追求利润的同时，也开始关注缓解自身压力的方法。例如，人们在旅游的过程中不仅领略自然景观，享受人文风情，更希望在身体和精神上得到放松，这也使得欧美国家的康养旅游发展更早、跨度时间更长、发展水平更高。因此，康养旅游概念的提出最早出现在欧美各国，并呈现以“医疗资源”为核心、以“疗养”为辅助的“康”和“养”双轨道旅游的发展模式。现阶段，欧美国家仍然是最大的客源输出地区。在亚洲，康养旅游的发展得益于独特的自然风光、神秘的东方文化、蓬勃发展的医疗保健技术以及更低廉的资源成本，日本、韩国、泰国等国也逐渐成为举世闻名的康养旅游度假胜地。

可见，康养旅游已成为多国的支柱性产业之一，康养旅游逐渐风靡全球。

（二）社会发展背景

我国是一个拥有14亿多人口的大国，人口老龄化现象愈演愈烈。据人力资源和社会保障部预计，截至2035年，我国60岁以上老年人口将超过4亿人，这会给我国社会带来前所未有的压力。人口老龄化程度的加速，导致养老服务和产品供给都存在供给不足、市场发育不完善、扶持政策不健全、体制机制不完善、城乡区域发展不平衡等问题，因此，健康与养老服务业将面临新的市场机遇和巨大挑战。随着康养服务体系的不断完善，中药养生、健康医疗、休闲养老将成为老年人最关心的话题。

根据世界卫生组织（WHO）的最新定义，健康不仅指没有疾病和不虚弱，也指身体、心理、社会生活三个方面达到平衡的状态。而如今，城市的喧嚣、工作的压力、生活的快节奏促使占人口多数的城市年轻人更渴望健康的身体、饱满的精神、均衡的膳食以及充足的睡眠。社会科学文献出版社、全国老龄工作委员会办公室信息中心、中山大学旅游学院联合发布的《中国康养产业发展报告（2017）》提出：康养的核心功能在于尽量增加生命的长度、丰度和自由度。从这三个维度来看，从健康到“亚健康”再到病患甚至是需要临终关怀的群体，都有必要纳入康养的范围。可见，追求健康和养生的生活已不再是老年人的专利。不同年龄层次的群体对康养服务的需求不同，使康养的元素更加丰富，需求日益多样化。因此，以健康为基准，融合休闲养老、健康医疗、中医养生、健康体育以及“互联网+”等元素的新康养服务与产品逐渐增多。

二、旅游业发展背景

旅游业之所以被称为“朝阳产业”和“绿色产业”，是因为它有广阔的市场前景与可观的社会效益和经济效益，并且旅游产业已经成为世界各国的支柱产业之一。我国的旅游资源极其丰富，旅游市场规模逐年稳步扩大，随着市场经济的发展和人们收入水平的进一步提高，人们对旅游消费的需求也越来越大，国内旅游业在国民经济中的地位和作用日益凸显。[①]

乡村休闲旅游是康养旅游产生的天然温床。近年来，人们从对乡村景观、风

① 张金霞．康养旅游研究[M]．天津：天津科学技术出版社，2019.

土人情、休闲娱乐的追捧逐渐演变为精神层面的深度体验，乃至享受。与休闲观光相比，不仅是为了生活质量的提高，更是生命质量的提升。乡村资源具有独特的养生方式。“天人合一”的乡村自然景观给人一种安静、祥和的精神享受，使人的心灵接受美的熏陶，人和自然融为一体，进而摒弃烦躁与喧嚣，释放压力与忧虑，调节免疫系统，达到养生、保健和治疗的作用。孙思邈在《千金方》中记述：“养生之道，常欲小劳，但莫大疲及强所不能堪耳。且流水不腐，户枢不蠹，以其运动故也。”乡村农耕可让人体验原始农耕文化，使人修身养性，在锻炼活动中感悟养生之道；春生、夏长、秋收、冬藏，人们可在不同时节感受乡村“时令养生”与“有机养生”的食疗之法。

健康疗养是康养旅游活动的重要内容。纵观国内外开发较为成功、深受康复疗养人群青睐的旅游地，大多设在空气清新、风光优美、自然环境优异的区域。湖泊区域宜人的景色和生态环境资源，周边地区的气候条件和自然景观资源，本身就对康复疗养人员调节心理平衡、消除疲劳、增强体质起着重要作用，为提高疗效、增进健康增加了有利条件。我国发展疗养旅游的资源及条件比较优越，开发最多的资源是分布于东北以及各地火山地震带上的药泉与温泉，许多地方以此为主体开发出了多种疗养活动。比如北京、四川、江苏、广东、云南、海南等省、自治区、直辖市推出的温泉、药泉、矿泉等浴疗旅游。此外，各地区还开展了海滨、高山、林地、湖区疗养旅游。从文化氛围的角度来讲，各种文化活动是疗养生活中的重要组成部分，它不仅可以充实疗养生活，而且在疾病的治疗和心理、精神的保健方面起着重要作用。湖区所在地大多分布着城镇或乡村居民，在历史发展过程中，形成了浓郁的地方文化特色，当地居民以及来自各地的人群相互接触，促进了人们的思想交流和感情交往。另外，丰富的文化娱乐活动不仅充实了当地的风土人情，增添了景观美的感受，还在一定程度上使游客的体能得到恢复提高。

第二节 康养及康养旅游

随着科技进步和城镇化建设的迅速发展，现代人的生活节奏越来越快，工作压力大，缺乏运动，城市环境恶化，越来越多的城市旅游者对旅游的追求逐渐发生改变。我国老龄人口以每年近 800 万的速度持续增长。预计到 2050 年，我国老龄人口总数将达到全国总人口的 1/3。远离城市的喧嚣，选择健康、休闲、养生、养老的出游方式，已成为大多数城市旅游者和老年旅游者的首要选择。

一、康养的概念

（一）“康养”概念的提出

康养由健康和养生组合而来。早在 1959 年，美国医生哈尔伯特·邓恩（Halbert Dunn）创造性地将“wellbeing”和“fitness”进行了组合，“wellness”（康养）这个词应运而生。他认为，一个健康的人应该具备身体健康、思想积极、精神饱满与状态良好的特征，“康养”是一个人的最高健康状态，达到这种健康状态的人在身体、心灵和精神方面必须高度和谐，同时应具有高度的责任感、合理的饮食、放松的精神、持续的教育等，并时时关心社会和环境的发展。国际水疗和康养协会对康养的定义是，主动追求生活和个人积极态度的融合，积极预防疾病、增进健康、提高生活质量，最终提高生活幸福感。也有学者认为，康养是健康身体、精神和灵魂的和谐，包括个人的自我责任感、健身和美容护理、营养与饮食、心理活动、社会关系和环境敏感度等多种元素的融合。

国内学者对“康养”的英语释义不尽相同，部分学者直接将“wellness”释义为“康养”，但也有部分学者把“Health and wellness”翻译为“康养”。2004 年，刘丽勤最早使用了“康养”一词，但未对“康养”的概念作出明确的解释。中山大学旅游学院副教授何莽主编的《中国康养产业发展报告（2018）》，从健康、养生、养老三个维度对“康养”一词进行了系统的界定。

（二）康养与健康、养生、养老的区别和联系

康养就是健康、养生和养老。健康即生理、心理和精神都处于良好状态；养生是以提升生命质量为目的，对身体和心理进行养护；养老则是针对老年人群的设施保障和系列服务。因此，基于老年人的视域，康养产业应以老年人的需求为主，主要内容是对生命的养护。与一般意义的康健相比，康养是一个更具包容性的概念，涵盖规模辽阔，与之对应的康养行为也十分宽泛：康养既可以是一种连续性、系统性的行为运动，又可以是诸如休闲、疗养、康复等具有短暂性、针对性、单一性的康健和医疗行为。

延伸到更大规模，一方面，可以将康养看成康健、养生和养老的统称，其中康健维度包罗了“健康、亚康健、病患临床”等状态，康养致力于让人回到良好的康健状态，以增加运动自由度；养生维度包罗了“身体、心理、精神”三个层面，康养应包罗对“身、心、神”的全面养护，以增加生命的厚度；养老维度包罗了“孕、婴、幼、少、青、中、老”等人生不同阶段，康养应该是对全生命周期的养护，不仅致力于延长生命长度，更关注提升生命质量。另一方面，将“康养”看成“以养为手段、以康为目的”的运动，是对生命的长度、品貌和自由度“三位一体”的拓展历程，是联合外部情况改善人的身、心、神，并使其不停趋于最佳状态的行为。

二、康养旅游的概念

（一）“康养旅游”概念的提出

西方有关健康旅游的概念最早产生于古希腊社会。经过历史的流变、社会制度的变迁、技术的发展和人对于健康观念的革新，健康旅游的内涵与表现形式一直处于变动之中。现代意义的健康旅游的定义最早出自古德里奇（Goodrich）。他认为，健康旅游是指“通过推销其健康服务和设施吸引游客前往旅游接待设施或目的地”。康养旅游起源于欧洲的温泉疗法和温泉浴场，近年来在国内逐渐兴起，关于康养旅游的概念在学术界层出不穷。目前，康养旅游的相关研究大致可归纳为五个方面：一是康养旅游发展背景探讨；二是康养旅游与相关概念之间的关系分析；三是康养旅游资源、产品与目的地等供给方面的研究；四是从动机、体验、感知等方面关注康养旅游需求及其满足程度；五是森林康养、温泉康养、医疗康养等专项康养旅游产品研究。①

2009 年，王赵率先对“康养旅游”的内涵进行了界定，他认为康养旅游是一种建立在自然生态环境、人文环境、文化环境基础上，结合观赏、休闲、康体、游乐等形式，以达到延年益寿、强身健体、修身养性、医疗、复健等目的的旅游活动。杨亚萍认为，康养旅游是依托优越的生态益养环境，以协调身体、心智和精神的自然和谐为导向，连续栖居时间不超过一年的休闲养生、康体度假、生态疗养、养老保健等系列专项旅游活动的总称。学术界对康养旅游的概念内涵认知

① 陈昕．康养旅游研究 [M]. 北京：社会科学文献出版社，2022.

尚不统一，层次混淆，比较认可的是2016年文化和旅游部发布的《国家康养旅游示范基地标准》中关于康养旅游的概念。康养旅游是以康养为主要目的的一切旅游活动的总和，是人们为了达到身体、心智和精神的最大满足，从事的一切与健康和养生有关的旅游活动的总和。

（二）康养旅游与健康旅游、疗养旅游的区别和联系

康养旅游是通过养颜健体、修养身心、关爱环境等手段，使人在身体、心智和精神上都达到与自然和谐的良好状态的不同旅游活动的总和。顾名思义，康养旅游是建立在自然生态和人文环境基础上，结合风景观赏、文化娱乐、身体检测、医学治疗等形式，春观花、夏避暑、秋赏月、冬泡泉，以达到放松身心、怡情养性、扶正祛邪、延年益寿等目的的深度旅游体验活动，是“身、心、智”全面的体验过程。与传统旅游形态相比，康养旅游具有滞留时间长、旅游节奏慢、消费能力强、重游率高、强身健体等特点，是传统旅游产业的升级版。

健康旅游是指那些能够提高旅游者身体健康水平和使旅游者获得身心放松的旅游活动，其更加注重的是“身体健康”和“心情愉悦”。健康旅游的“活动”包括两种：一种是以提高和改善旅游者身体健康状况为目的的活动；另一种是不以此目的出发，但是在旅游过程中同样提高和改善了旅游者身体健康状况的活动。而疗养旅游主要是凭借疗养地所拥有的特殊自然资源条件，先进或传统的医疗保健技艺，优越的设施，将休息度假、健身治病与旅游结合起来的专项旅游活动。具体包括为治疗而进行的气功、针灸、按摩、矿泉浴、日光浴、森林浴、中草药药疗等多种形式的旅游，还有高山气候疗养，海滨、湖滨度假等。

康养旅游、健康旅游和疗养旅游三者虽然有一定的差异，但也有一定的联系。一是具有共同的出发点，无论是康养旅游、健康旅游还是疗养旅游，都是游客以远离城市喧嚣、追求幸福美好生活体验为出发点而从事的旅游活动；二是具有相同的目的，旅游者进行康养旅游、健康旅游和疗养旅游的最终目的，都是达到身体健康、身心愉悦和释放压力；三是注重过程的体验，康养旅游、健康旅游和疗养旅游都是过程性服务旅游项目，游客的满意度以及能否达到预期的效果直接体现在其旅游体验过程之中。

第三节　康养旅游的性质和特点

在实施健康中国战略背景下，健康产业已经成为新常态下经济增长的重要引擎，“大健康”时代已全面来临。随着大众旅游时代的推进，追求身心健康和精神享受，也成为休闲度假旅游的主要诉求。康养旅游迎来了黄金发展时期，康养产业以更广泛的概念吸纳新客群，带动康养旅游受众、方式、元素及产品组合等变化。康养本身不仅是一种产业，更是一种健康生活的方式与理念，需要与多种业态融合，以多种形式与载体呈现。以“康养＋旅游＋×”的模式，可以不断创造更加丰富的新型业态，推进康养产业的可持续发展。

一、康养旅游的性质

（一）康养旅游的自然属性

1. 目的性

康养旅游是通过观赏、休闲、康体、疗养、游乐等形式，以达到延年益寿、强身健体、修身养性、医疗康复等目的的特殊旅游活动。与其他旅游形式相比，康养旅游的目的性更强，对产品和服务的要求更高，更加注重健康和心理感受。随着居民生活水平、消费水平的提高，人们对于身心健康以及生活质量越来越重视，以健康、养生为核心主题的产业日益增多。康养旅游提倡以现代健康生活理念融合高科技技术，让人们在自然环境中达到身心放松的状态，最终实现幸福、健康、快乐的人生目标。

2. 环境依赖性

一方水土养一方人，康养旅游的发展离不开对环境的依赖。随着城镇化进程的加快，城市人口数量急剧增长，城市压力越来越大。虽然城市中也出现了一批“康养社区”，但城市车辆人口拥挤，空气质量下降，快节奏的城市生活仍然促使人们开始寻找远离城市喧嚣的一块“净土”，而乡村便成了人们的必然选择。俗话说“十里不同天，百里不同俗”，乡村有着发展康养旅游的天然优势。几千年的农耕文化、优美的自然环境、独具特色的风土人情等，都能让游客回归自然、体验自然、感悟自然，使其达到身、心、神的和谐，以实现健康和养生的目的。由于高负荷工作，竞争压力大，每过一个高负荷时期，人们都需要一方休养生息的土地，寻找到一个这样的乡村驿站以舒缓身心，呼吸清新空气，品尝健康食材，享受乡间安宁，寻找往日情怀。因此，乡村成为发展康养旅游的最佳场所。

3. 季节性

由于气候、资源特性、南北差异、休假体系的不同，康养旅游呈现明显的季节性。首先，康养旅游作为一种休闲养生的旅游方式，对季节和气候有一定的要求，因此康养旅游具有很强的季节性。不同地区、不同时间、不同类别的康养旅游，淡、旺季节到来的时间也有所差异。其次，康养旅游的季节性受到休假制度的影响。随着康养旅游群体的年轻化和多样化，在春节、清明节、劳动节、国庆节及寒暑假等集中休假期间，一家老小集体出游的机会大大增加。体育活动、大型体育赛事、社交的需要、游客的旅行习惯等，也对康养旅游季节性的形成具有一定的影响。康养旅游的季节性是旅游者需求和市场需求中出现的短暂不平衡，具有周期性和重复性，并通过旅游者数量、旅游花费、停留天数表现出来。季节性的波动通过这些相关指标发生周期性变化，这种波动由需求的暂时性增减导致。康养旅游的季节性可以从资源客体属性、旅游活动主体行为、旅游业经营接待特点三个方面进行分析。总体而言，康养旅游的季节性是基于自然规律的变化，附加经济、社会和人文等因素形成的一种现象，是由于资源自然更替、出游行为变化及产业波动引起的综合效应。①

4. 养生性

从康养旅游的需求群体来看，主要包括年过六旬的老年人群、长期慢性病人群、“亚健康”人群以及追求高品质生活的人群等。他们通过出游的方式获得身体的康复、心灵的净化，以达到精神的饱满和幸福感的获得。从康养旅游的功能来看，健康、养生、治疗是其基本要求。康养旅游活动经营主体为游客开发形式多样的康养旅游活动项目，提供高品质的旅游产品与服务，打造健康、养生的旅游环境，以健康、养生、疗养为中心，最大限度地满足游客的各种康养需求，使游客获得更多的幸福感。

5. 持续性

从康养旅游的活动主体来看，人们对于康养旅游的需求不是一次性或者短暂的。为了达到健康、养生的目的，人们往往需要经常性、反复性、持续性的康养

① 赵晓鸿．康养休闲旅游基础 [M]. 北京：旅游教育出版社，2021.

消费，并且跨度时间长。随着人们收入水平的不断提高以及康养旅游群体的不断壮大，人们愿意花费更多的消费支出来获取健康和幸福。从康养旅游活动的客体来看，康养旅游依赖于恬静、舒适、优美的自然环境。康养旅游产业需要在保留原有自然景观的基础之上，合理规划和开发旅游资源，丰富景观内涵，实现自然景观与现代科技的完美融合。同时，应积极治理各种环境问题，优化和改进不正确的生产耕作方式，使山更青、水更秀、草更青、天更蓝。由此可见，康养旅游是一种绿色、环保、可持续发展的朝阳产业。

（二）康养旅游的社会属性

1. 康养旅游是更高层次的精神需求

如果说旅游活动是人民追求美好生活的高层次的精神消费，那么康养旅游则是这种精神消费中的“贵族”。康养旅游的内容、特性，决定了其不同于普通的游览、观光旅游。康养旅游对自然环境要求更高，对需求人群定位更准，对游客的心理感触更深，其属于更高层次的精神需求。世界范围内的“大健康”与大文旅融合已是大势所趋。2020 年，健康医疗相关服务业已成为全球最大产业，休闲旅游相关服务则位居第二，两者结合占全球 GDP 的 22%。“健康医疗 + 文旅休闲”的融合催生了高端医疗、专科医疗、康复疗养、养老服务等一系列市场热点，已经成为大众旅游和健康消费的新需求。目前，生理的健康需求是所有上层健康需求的根基。如果人的身体机能受到损害无法正常新陈代谢，健康保障将不复存在。

2. 康养旅游是更高标准的生命提升

随着物质生活水平的提高，人们对“健康、愉快、长寿”的追求越来越强烈，而单纯的养生已难以满足人们对高品质生活的追求，融合了时下迅猛发展的休闲旅游，康养旅游迎来重大发展机遇。康养相对于旅游来说，已经上升到一个很高的层次。如果说旅行是为了观光，无所谓景区与否，那么旅游就对应着休闲，旅居对应着度假，而康养应该是度假旅游的一个重要产品，而且很可能成为一个核心产品。因为康养是物质生活已经得到满足的条件下，衍生出来的精神层面的深度体验，乃至享受，与休闲相比，其已经不是生活质量提升的问题，而是生命质量提升的问题。1992 年，约 1700 名科学家联合发表了一份《世界科学家对人类的警告》，开篇就阐述了“人类和自然正走上一条相互抵触的道路”，这与工业时代的过度索取有关。这种“过度的索取”严重危及一代人的健康，导致很多人“英灵早逝”。因此，发展以大自然健康养生、养老产业迫在眉睫，功在当下，利在千秋。

3. 康养旅游是更高境界的心灵追求

康养旅游除了具有与大众旅游一样的休闲、观光、娱乐等基本功能外，还具有延年益寿、净化心灵的功效。在旅游活动中，食、住、行、游、购、娱是最基本的要素，康养旅游在满足这些基本旅游需求的基础上，更注重人的精神享受、生命体验和心灵追求。在旅游活动中，人们领略自然风光，感悟自然的神奇，敬畏自然，融入自然，心灵在自然中得到洗礼和升华。

4. 康养旅游是人类文明进步的重要标志

注重健康养生，就是人们在日常生活、社交中，以保障身体和心理健康为出发点和目标，注意自身行为的科学合理性。例如，在饮食方面注意卫生和营养平衡，不暴饮暴食；在作息安排上力求劳逸结合，劳动、运动、活动的时间、强度适中；在社会交往中注意文明礼仪。为了保持人民的健康和社会的文明，国家、政府、企事业单位、社会组织等，在经济社会管理、生产劳动组织等各个方面都会从有利于人民健康、快乐、幸福的角度出发，缩短劳动时间，降低劳动强度，增加文化娱乐和健身休闲时间及相关供给保障，使全社会的文明程度不断提升。

二、康养旅游的特点

（一）环境依赖程度高

自然环境是旅游活动最主要的客体，任何旅游活动的发展都离不开对自然环境的依赖。康养旅游不只游览、观光和休闲，人们在康养旅游过程中对健康、养生、医疗、保健、娱乐等方面都有极高的要求，正是这些旅游需求促使康养旅游开发过程中以自然环境为第一要素。康养旅游是以良好的自然条件为基础，对自然条件要求更高的专项度假旅游活动，具有排他性。在我国，适合发展康养旅游的地域主要集中在云贵高原以及秦岭以南。这些区域光照充足，气候宜人，空气中负氧离子含量高，同时工业化进程缓慢，气候舒适度指数介于 50 ~ 76。这些自然优势有助于机体的深度呼吸、心血管通畅、氧运输能力增强、新陈代谢加快以及免疫功能等能力的提高，达到增强体质与健康的目的。

（二）旅游产品和服务质量要求高

旅游产品和服务是旅游景区的核心竞争力。康养旅游作为一种专项的度假休闲旅游，必须拥有优质的旅游产品和高质量的旅游服务，并具有相当的规模。在康养旅游产品和服务开发过程中，应充分结合自然环境中的空气、水、土、磁场、植物和生态综合要素等，包括且不限于疗养温泉、美颜SPA、森林氧浴、中药膳食、茶道养生等。同时，可结合当地的人文旅游资源，将人类的经验、方法、技能等运用到产品和服务的设计中，如中医理疗、瑜伽、武术、禅修、冥想等，进而达到康养的目的。因此，康养旅游在设计伊始，就必须采用高标准、高要求来规划和设计。

（三）文化主题属性强

文化是旅游的灵魂，旅游活动中人们通过文化来寻找心安之处，通过文化交流来实现心灵上的共鸣。康养旅游深度挖掘目的地独有的历史文化、农耕文化、宗教文化、民俗文化等，结合康养旅游市场需求及现代生活方式，运用创造性的思维，打造精神层面的养心旅游产品，使游客在获得文化体验的同时，实现修身养性、回归本心、陶冶情操的目的。同时，康养旅游依托长寿文化，积极发展长寿经济，形成了食疗养生、山林养气、文化养心的康养核心产品。因此，文化在康养旅游中处于核心地位，贯穿旅游活动的始终。

（四）旅游消费水平高

从康养旅游产品自身角度来看，康养旅游产品主要包括中医药康养、文化修养、森林绿养、有机食养、体育健养、佛学禅养、道教道养、温汤浴养、休闲颐养等内容。康养旅游产品自身的特性和要求就决定了，在开发过程中需要投入大量的人力、财力和物力，从而导致康养旅游产品价格的昂贵。从旅游消费群体的角度来看，热衷于康养旅游的群体主要是退休老人、慢性病患者以及“亚健康”人群，他们的共同特征是消费能力强、生活品质要求高、非常注重自身健康，因此，他们愿意为了自己的身、心、神进行更多的投入。

（五）旅游群体日趋多元化

康养旅游绝不只是养老产业，其消费群体也绝非单一的老年人群。幼儿养育、少年养智、青年养情、中年养生、老年养老，康养旅游实则贯穿生命的整个过程。随着城镇化进程步伐加快，生活压力越来越大，绝大多数中青年群体陷入了“亚健康”状态的泥潭。据统计，我国有近60%的中青年人群（20～50岁）处于“亚健康”状态。他们在一定时间内表现出活力降低、疲劳乏力、反应迟钝、功能和适应能力逐渐减退，经常处于焦虑、烦乱、无聊、无助的状态。因此，“亚健康”人群急需通过健康出行的方式来获取身体、心智和精神的康复。

第二章　康养旅游的主要类型

第一节　森林康养旅游

身体健康不仅是人们重点关注的焦点，还是人们孜孜不倦的追求。《“健康中国 2030”规划纲要》提出，要将健康产业与食品、健身、休闲、互联网、养老等相关产业相结合，大力发展“大健康”产业。国家倡导大力发展森林资源，在“十三五”规划中定下森林年生态服务价值达到 15 万亿元、林业年旅游休闲康养人数力争突破 25 亿人次的目标。《中国生态文化发展纲要（2016—2020 年）》提出，将全国森林公园总数由 2015 年的 3000 处增加至 4400 处，生态文化宣传设施要纳入公园基础建设之中；支持建设重点国家级森林公园 200 处，以国家级森林公园为重点，建设 200 处生态文明教育示范基地、森林体验基地、森林养生基地和自然课堂。森林康养旅游这一产业无疑乘上了这股东风，将会为我国森林产业、旅游产业的发展注入新的活力。

森林体验是人们通过各种感官感受、认知森林及其环境的所有活动的总称。通过森林康养，人们的心灵与身体得到放松，认识大自然、了解大自然与人类密不可分的关系，从而激发人们的亲自然行为。同时，森林康养可以大力发展我国林业，实现林业产业结构的多元化与升级。

一、森林康养的内涵

（一）森林康养的含义

自古以来，健康问题一直是人们关心的话题，健康的身体不仅是人们生活的保障，还是人们一切行为的基础。1989 年，世界卫生组织（WHO）认为，健康不仅是身体机能处于良好状态，而且与心理、社会、道德品质相互依存、相互促进、有机结合。随着健康理念得到延申，传统健康行业已经不能满足现代人对于健康的需求。在这一因素的刺激下，各个健康产业开始关联结合，形成了如今的“大健康”产业。康养行业作为“大健康”产业中最具生命力的产业之一，爆发出巨大的潜力。

我国有相当丰富的森林资源，现阶段我国林业处于转型关键时期。国家正大力推动森林体验和森林养生的发展。然而，我国森林康养产业还处于起步阶段，学术界就森林康养定义尚未达成共识，但普遍接受的是，森林康养是指依托优质森林资源，将现代医学和传统医学有机结合，配备相应的养生休闲及医疗、康复服务设施，在森林里开展以修身养性、调适机能、延缓衰老为目的的休闲活动。

（二）森林康养产业

森林康养是“大健康”产业中包容性最强的产业，其核心为健康养生和医疗保健，与养生、休闲、教育、食品、运动和疾病预防等诸多产业的关联性非常高。目前，“大健康”产业和旅游产业均属于六大朝阳产业。“大健康”产业在国家的推动下蓬勃发展。我国消费结构正在逐步改变，旅游消费支出占比进一步增加。随着我国经济转型发展，森林康养将结合健康养生、地产、旅游、医疗、交通、农业、观光、休闲等产业形成一个较为完整的产业集群，进而促进林业转型，为我国经济发展注入新的动力。

（三）森林康养的意义

森林康养促进人们身心健康，可以有效减少医疗支出。现代社会节奏较快，不规律作息与不良生活习惯直接或间接导致的“亚健康”状态成为现代人的常态，公众对医疗服务的需求日益增加，从而使医疗支出成为巨大的财政负担。森林康养可以显著降低人们的医疗支出。森林康养通过对人们外在与内心的调节，能有效改善现代人的身体状况。在人口老龄化不断加剧、养老服务产业不健全的中国，森林康养为居民康养提供了一条可行路径。①

森林康养促进林业转型，契合国家发展战略。《“十四五”林业草原保护发展规则纲要》指出，要发展林下经济，培育森林旅游、森林康养、生态观光、自然教育等新业态产品。森林康养作为依托林业的新兴产业，是灵活运用森林资源的良好示范，完美地契合了林业转型这一概念。

森林康养能带动林区经济，增加就业。康养产业拥有无与伦比的兼容并包能

① 李晓琴．生态康养旅游理论方法与实践 [M]. 成都：四川大学出版社，2021.

力，作为现代服务业的重要组成部分，它能联合多种产业共同促进地区经济的发展，能有效激发地区相关第三产业的发展潜力，大规模吸纳农村人口就业，拉动我国林区农民经济水平。

森林康养转变传统健康产业，促进经济转型升级。森林康养是一种满足大众健康需要的新型方式，改变了传统健康产业。森林康养不仅是林业资源的创新运用，还是健康产业从传统走向现代的重要步伐。它将人们对健康的看法从传统疾病治疗与预防转变为一种定期的、潜移默化的保养健身的游憩休闲活动。同时，森林康养对推动我国“大健康”产业、旅游产业的发展以及促进地方经济转型升级与生态经济可持续发展提供了新的支撑。

二、森林康养的历程

（一）森林康养的起源

森林康养起源于欧洲中世纪。当时，欧洲贵族在城堡周围植树造林，试图将自己的生活环境营造得更加舒适。19 世纪初，德国巴特·威利斯赫恩镇出现了第一个森林康养基地，森林康养概念在这时有了雏形。德国是最早开始关注森林康养对人身体和心理健康的国家，是森林康养产业的鼻祖。20 世纪 80 年代，森林康养偏重森林的康复作用，运用森林体验进行治疗的森林康养课程在德国全面普及，现阶段已经被纳入医疗保障体系。

（二）森林康养的发展

森林康养在日本和韩国得到了质的飞跃。20 世纪 80 年代，日本国内社会环境复杂，人们被沉重的生活压力所透支，亟须一种能够放松自己的休闲养生方式。而源自欧洲的“森林疗养”理论和“植物杀菌素”研究正是在这一时期传入日本，受到了日本各界的欢迎。森林疗养理论被日本本土化与改良后，形成了森林体验新模式——“森林浴”。时至今日，“森林浴”已成为日本人生活当中不可或缺的一部分。日本政府大力兴建森林康养基地。截至 2012 年年底，日本已建成森林疗法基地 57 处。同时，日本将森林康养纳入学校教育之中，每年假期，森林康养基地都会举办各类针对学生的露营教育活动。此外，日本规范了森林康养产业，制定了森林康养基地的认证条例以及从业人员的法律法规，大力促进森林康养产业的发展。但与欧洲注重发展森林康养的康复功效不同的是，日本的森林康养注重缓解压力、释放疲劳。

在日本发展森林康养产业的同时，韩国的森林体验也默默地发生着变化。20世纪80年代，韩国为了保护本土森林资源，开发森林资源的经济效益，提出了建设自然休养林，大力兴建人工林，积极引入日本的“森林浴”模式，增设森林讲解员和理疗师体系，并于2005年制定《森林文化修养法》，成立国立自然休养林管理所。韩国是首个将森林体验列入法律的国家。韩国森林康养虽然起步较晚，但发展极为迅速。更为可贵的是，韩国人民对此抱有极高的热情，由于自然休养林采取的是预约取票制度，预约人数过于庞大，经常出现一票难求的情况。与日本、德国不同，韩国的森林康养产业基本上都是由政府主导的，更像是一种社会公共建设活动，由国家负责建设，设立专业部门进行管理，为国家公民提供森林康养保健服务。

（三）森林康养在中国

我国最早接触森林康养产业的地区是台湾地区。自1965年以来，我国台湾已建设森林浴场40余处。大陆地区最初于20世纪80年代设置国家森林公园。目前，我国有几个省份在积极试验，但仍处于摸索探索阶段。

森林康养引起了国内学术界和业界的高度关注。在学术界，国内研究方向主要在于森林康养保健养生功能的研究和森林康养产业的发展。周政等研究了森林浴的保健功效，对“森林浴”的几项生理值进行了探索；李博与聂欣进行了疗养期间“森林浴”对军事飞行员睡眠质量影响的调查分析；王付国等开展了一系列“森林浴”人体实证研究；李朝晖等将“森林浴”应用于精神分裂症的治疗。

总体而言，我国森林康养还处于起步阶段，森林康养旅游缺乏产业整体规划，只能以区域化、单一化的方式开展，面临着专业人才不足等一系列问题。现阶段，我国森林康养旅游的娱乐性远远强于医疗保健功能。

三、森林康养的主题

（一）有益因子

1. 负氧离子

在高压或强射线作用下空气中的分子电离产生自由电子，大部分为氧气获得，进而形成负离子，又被称为“负氧离子”。负氧离子带负电、无色无味，有利于调节人体生理机能、消除疲劳、改善睡眠、降血压、增加皮肤弹性等。

2. 植物杀菌素

树木为防御害虫和微生物的侵蚀而分泌的抗菌物质被称为植物杀菌素，即芬多精。它是植物为了抵抗病原菌、害虫、霉菌而分泌的一种物质，通过“森林浴”吸收植物杀菌素，可减缓压力，使人心情舒畅，进而强化心肺与肠道功能，并起到杀菌的作用。

3. 森林食品

森林食品是来自良好森林环境，遵循动植物自然生长规律，无人工合成添加物，具有原生态、无污染、健康、安全等特性的各类可食用林产品。

（二）健康环境

1. 森林氧疗

氧气是人类维持生命的基本条件。森林被称为天然氧气制造厂，在植物生长过程中排放大量的氧气，极大提升了空气含氧量。长期处于这种富氧环境中，能改善人体体质，有效缓解心绞痛、预防心梗。

2. 绿视率效应

绿视率是指人们眼睛所看到的物体中绿色植物所占的比例，它强调立体的视觉效果，代表城市绿化的更高水准。当绿色在人的视野中达到25%时，人的感觉最为舒适。

3. 减少辐射效应

随着人类工业化的推进，原子能产业在各个领域被广泛使用。在人类的生活环境中，各种放射性物质日益增加，放射线问题已然成为人类的致病隐患。植物能够有效阻断放射线，过滤放射性物质，因此森林内的自然放射环境良好。

（三）地域区位

与人类健康相关的森林环境主要包括三个方面的因素：一是物理因素，主要包括温度、相对湿度、照度、辐射热、气流和声音等；二是化学因素，主要包括来自植物的挥发性有机化合物，如芬多精（植物杀菌素）；三是心理因素，主要是指人类对于森林环境的主观评价，如森林环境的冷热、亮暗、美丑、安静嘈杂等。

四、森林康养的模式

（一）森林浴模式

森林浴是指通过森林散步将具有疗养效果的森林用于人类的健康增进、疾病预防的活动。它是由日光浴、桑拿浴等衍生出来的一个用语，其是将德国的森林环境“自然健康调养法”和欧美步行法加以综合运营的一套森林康养方法。

（二）森林疗养模式

森林疗养是指到自然景观优美、生态环境良好、空气清新的森林环境中，利用森林内特殊的生态环境和一定的医疗设备，结合医学原理实现治疗疾病目标的森林活动。森林疗养在日本、德国被称为森林疗法，在韩国被称为森林休养。

（三）保健康养模式

保健康养是指以娱乐保健为主，以休闲度假、养生游憩为主要方式，利用森林环境和有益因子，使人的身体机能调节处于一个良好状态的森林活动。

五、森林康养的未来

森林康养让人们亲密接触大自然，在与大自然的和谐相处中使身体健康、心理舒适。人们在接触自然、感受自然、亲近自然的同时，能更加了解自然。由于森林康养能有效解决肥胖、高血压、高脂血症等严重的健康问题和一些精神疾病，森林康养已经受到一些“亚健康”人群和城市居民的热情欢迎。此外，森林康养具有资源的不可替代性、发展方式的可持续性。在未来，森林康养活动将成为人们提高生活质量的首要选择之一。

第二节　温泉康养旅游

随着旅游业的全面升级，温泉康养旅游日益被人们关注和重视，现代温泉旅游逐步从休闲娱乐型向休闲康养复合型转变。温泉康养旅游能够满足人民日益提高的身体精神文化需求。温泉旅游的快速增长为温泉康养旅游业的发展奠定了良好基础。随着人们生活水平的日益提高、自由支配的财富增加，人们对精神文化、健康生活、保健康体的需求越来越高，康体养生游客数量大幅增加，未来的温泉康养旅游产业有着巨大的市场潜力。

一、温泉康养旅游的内涵

（一）温泉旅游

温泉旅游是以体验温泉、感受温泉沐浴文化为主题，达到温泉养生、休闲、度假目的的旅游活动。首先，温泉旅游以温泉为依托，温泉是温泉旅游必须具备的基础。其次，温泉是旅游的一种形式，因为它具备旅游的基本特征，即由非定居者的旅行和暂时居留引起的一种现象及关系的总和。最后，温泉旅游是一种体验活动，旅游者通过亲身体验，获得生理与精神的放松，在体验中感受文化。温泉旅游的核心是温泉沐浴文化、养生文化、休闲文化、度假文化。旅行者在感受不同文化魅力的过程中洗涤身体与心灵。

可见，温泉旅游是以温泉自然资源为基础，以健康和感受温泉沐浴文化为目的，具有旅游的基本功能，将单一疗养的物化享受提升到文化精神层面的符合现代消费的特殊体验活动。

（二）温泉康养旅游

由于康养旅游概念的多样性，温泉康养旅游没有明确的定义。中国旅游协会温泉旅游分会副会长、箱根集团董事长王捷认为，温泉康养旅游是指以康养为主要目的，以温泉资源为基础，充分利用温泉水、温泉地微气候与良好的生态环境及其他自然疗养因子，并结合特定的温泉康养设施、配套服务设施及专业服务，通过温泉体验、运动健体、营养膳食、健康教育、修心养性、文化活动、融入自然、关爱环境等各种健康促进手段，使人在身体、心智和精神上达到自然和谐的优良状态的各种温泉旅游活动的总和。

温泉康养旅游涉及各个方面，不仅是人们通俗了解的通过温泉体验进行康体和疗养活动，它的范围甚广，只要是以健康为中心的各种温泉设施、活动、体验、产品等都是温泉康养旅游的一部分。①

① 赵晓鸿．康养休闲旅游服务基础 [M]. 北京：旅游教育出版社，2021.

二、国外温泉康养旅游发展历程

（一）温泉康养旅游的缘起

罗马帝国时期，人们就已经开始了解并且重视温泉的治疗作用，并通过希腊人、罗马人和土耳其人将其传播到更远的地方。1326 年，第一个温泉疗养地“斯巴”（Spa）在比利时的一个小镇兴起，后来演化为温泉旅游度假区的代名词。

（二）温泉康养旅游的发展

文艺复兴以后，西方各国经济实力逐步提升，政治局势稳定平和，城市繁荣昌盛，人民业余生活不断丰富，温泉的开发受到了极大的关注，温泉旅游在欧洲达到空前的繁荣。此时的温泉旅游以温泉治疗为导向，主要服务对象为富裕的上流社会人士，带有一定的休闲度假性质。

（三）温泉康养旅游地的暂时衰落

随着科技、经济的不断发展，医疗技术水平不断提高，单纯的温泉疗养作用渐渐受到人们的质疑。人们开始怀疑温泉的康体作用以及温泉治疗疾病的功效。此时，人们发现海水浴具备与温泉相似的疗效，海滨旅游随之兴起，吸引了大批旅游者体验。传统温泉旅游因此被人们冷落，慢慢走向衰退。

（四）温泉康养旅游的复兴与发展

19 世纪后，高速工业化和快速城镇化促使经济不断发展、财富迅速积累，人们的生活水平进一步提高。中产阶层规模不断扩大，资金的自由支配程度增加。便捷的交通道路的不断建成，为旅游提供了必备的交通条件。但同时，经济快速发展带来了一系列问题，大都市生活环境日益恶化，生态遭到污染与破坏，人们需要寻找新的休息处。因此，大众休闲康体旅游需求快速增长，具有医疗性质和保健性质的温泉康养旅游迎来了新的发展机遇。1920 年前后，以温泉治疗为主题的传统温泉旅游，开始转变为温泉治疗和休闲娱乐共同发展的现代温泉旅游。

三、国内温泉康养旅游发展历程

我国的温泉康养旅游历史悠久，可以将其分成三个发展时期：①温泉康养旅游在改革开放前处于比较被动和停滞状态；②改革开放后有了前所未有的改变和发展；③如今呈现发展的新趋势。

（一）改革开放前的酝酿阶段

新中国成立前，由于经济发展缓慢、社会动荡等原因，鲜有人关注温泉的康体疗养功效。

日本“汤治”文化对我国的温泉具有重要影响。众所周知，日本火山众多，地热资源丰富，温泉遍布各地，加上受到西方温泉文化的影响，它的温泉旅游发展远远领先于我国。后来日本“汤治”文化传入中国，由此开发形成了一批温泉中心，如辽宁省、吉林省等地的温泉中心。

新中国成立后，人民的生活水平得到提高，在北方修建了一大批温泉疗养院和温泉疗养设施，充分利用了温泉的疗养康体作用。

（二）改革开放后的全面发展

改革开放后，我国经济水平快速提升，温泉康养得到了全方位的发展。随着生活水平的提高及可自由支配的财富增加，人们逐步认识到温泉的康养作用，产生了温泉康养旅游的需求。同时，原来的温泉疗养院也革新升级，由单纯的疗养院变成观光体验的健康疗养中心，为更多的旅游者提供了更优质的服务。此时，温泉康养旅游地的设施日益健全和丰富，为提升游客观光体验的娱乐设施、饮食服务、住宿场所蓬勃发展，温泉康养旅游已经从单纯的疗养转型为现在的休闲娱乐型。

（三）温泉康养旅游发展趋势

1. 向休闲康养复合型温泉转变

如今，中国现代温泉旅游产业在休闲娱乐型温泉旅游的基础上，逐渐向休闲度假与温泉健康养生结合的方向发展。一方面，借鉴了欧洲的温泉康养的理念和技术，吸收了国外优秀特点；另一方面，结合中医养生文化，充分发挥了我国的地域特色。

2.“康养小镇 + 温泉旅游”模式兴起

温泉旅游日益成熟，康养旅游这一崭新理念逐渐被人们接受，企业的投资者开始注意到二者结合的可能。现代温泉的发展已经不仅是旅游这一单一模式，“温泉 + 旅游 + 康养”将是未来发展的趋势。建设温泉康养小镇，需要与中医馆、中医院等医疗机构合作，引入专业技术，挖掘温泉的康养价值，将温泉旅游与养生结合起来，让消费者在医生的指导下泡温泉，进而形成“康养小镇 + 温泉旅游”模式。

全国各地对“康养小镇＋温泉旅游”模式进行了初步实践。河北省白石山的温泉康养小镇，重在打造温泉旅游和养生养老产业结合的新模式，以“健康生态旅游”为主要定位，以“一山一水一城”为核心内涵，围绕康养产业，实现集医疗、温泉休闲度假、山地运动、绿色生态观光、文化创意体验等于一体的温泉康养小镇。山东省华安迪梦温泉康养小镇依托岞山独特的温泉资源，以康养文化为主题，引进国际一流的温泉康养体系，以“温泉”为核心，植入中医温泉养生疗法，打造了数十座温泉天然泡池和水上休闲等配套项目，形成了集温泉沐场、中医疗养、休闲娱乐等服务于一体的高端温泉养生系统，致力打造国家康养旅游示范基地。四川省绵阳市的罗浮山温泉康养小镇，入围市级首批特色小镇。此外，苏豪温泉康养小镇、汤山温泉康养小镇、安宁温泉康养小镇等正逐步兴起，“温泉旅游＋康养小镇”模式得以蓬勃发展。

3. 文旅融合下温泉康养旅游发展

2018 年，文化和旅游部正式成立，这对温泉康养旅游产生了新的影响。文化旅游融合是决定温泉康养项目生存发展的关键因素。比如，我国部分消费者选择前往日本、韩国或者地中海海域附近的国家进行温泉旅游，那些国家独特的文化氛围和传统特色吸引了他们。如今，我国温泉旅游未来的发展趋势是构建以温泉康养旅游为内核，“医、养、文、旅”“融合发展的中国温泉文化体系”。在我国建设温泉康养旅游目的地不仅需要将康养、温泉旅游相结合，还需要融入传统文化内涵和本地特色。比如，白石山温泉康养小镇不仅融入了当地的民俗文化、特色生态农业以及我国汉唐建筑文化，采用“文化＋产业＋旅游＋生活”四位一体的形式，深度挖掘历史及文化内涵，聚焦资源优势，从而形成自己的特色，还结合当地的饮食文化打造了独特的温泉美食康养中心。

（四）我国温泉康养旅游发展现状

经过 20 多年的高速发展，我国温泉康养旅游从传统的温泉汤浴拓展到温泉旅游、温泉度假和温泉养生以及结合中医药、健康疗法等其他资源形成的温泉理疗等。

总体而言，我国温泉资源丰富，主要集中在云南、广东、湖南、西藏、四川、福建、台湾、山东等省份，范围广，为温泉旅游的发展提供了丰富的自然基础。其中，云南、广东、上海等旅游发展兴盛或者经济水平较高的地区已经开始探索康养旅游与温泉旅游相结合的模式，打造了一系列温泉康养旅游项目。

云南省自然条件优越，温泉资源丰富，其温泉总数居全国首位。云南省提出了“旅游 + 医疗、运动、养老、生态”的发展模式。2023 年，云南省共接待游客 10.42 亿人次，其中康体养生游客占 39%。虽然我国的温泉康养旅游项目正在如火如荼建设中，但其仍然处于发展初期，基础十分薄弱。一些地方的温泉康养还只是运用一些花瓣、牛奶等材料或者将一些中药材加入温泉之中以期达到所谓的康体作用，温泉池大多是人工修建或者与酒店相结合，还没有形成系统的温泉康养旅游体系。

（五）我国温泉康养旅游发展困境

1. 市场成熟不足

我国温泉康养旅游起步晚、发展慢，目前仍处于起步阶段。当下，国内温泉康养旅游的消费人群主要为中老年游客。在我国，大部分人对温泉康养旅游的认识仅局限于冬季养生，认为通过一个冬季的调理能够改善体质、获得健康。特别是中老年体弱群体、“亚健康”群体等，他们希望通过康养旅游，减少和避免一些冬季常见老年病（如关节炎、腰酸腿疼、高血压、糖尿病等）的发生，这是温泉康养旅游的“市场症结”。正是因为这种传统思维，青年人群参与不足，使得市场相对狭小。此外，我国的温泉康养旅游缺乏国际吸引力和竞争力，国际市场需求不足。

2. 产品特色缺乏

温泉康养旅游产品单一，多局限于传统的医疗型、疗养型和康复型三种类型。现代温泉康养旅游类型多样，涉及健康度假、健康旅游等，然而我国现有的温泉康养旅游多以“疗养 + 洗浴”为主，主打“宾馆 + 温泉”模式，甚至一些温泉康养项目仅是一些大大小小的池子，产品形式单一。部分温泉康养中心直接借鉴国外如日本、韩国的温泉康养模式，没有结合我国的具体国情和传统风俗，缺乏地方特色。在国内，各地的温泉康养产业差异性小，同质化严重。

3. 企业运营困难

经过数年的发展，我国温泉旅游的模式局限于休闲娱乐型，人们更接受和习惯这种模式。同时，我国人口众多，地区发展不平衡，接触过温泉相关的人口仅占全国总人口的 10% 左右，广东、福建等地的温泉旅游已经向休闲娱乐型转型，但转型并不顺利。此外，企业缺乏标准和政策的指引，企业的经营较为困难，温泉康养旅游企业的运营模式还需要深入探讨。

4. 消费思维局限

温泉康养旅游需要足够多的消费群体，我国相关市场有待开发。对于大部分普通消费者，对温泉康养旅游的了解仅停留在养老和康体的表层，对温泉康养旅游的深层次了解不足，如温泉康养旅游的内容、形式、益处等。消费者对温泉康养疗效的认知不足以及对温泉行业的不信任，使温泉康养旅游难以发展。因此，拓宽消费者的认知广度，缓解消费者的思维局限迫在眉睫。

5. 专业人才缺乏

一个行业的发展离不开专业设施、专业技术、专业人才的支撑。在国内，温泉康养旅游的发展不充分，设施设备落后，缺乏与现代化、国际化接轨的技术，归根结底是专业人才的缺乏。当下，部分专家多从国外引进，“水土不服”现象时有发生，缺少本土专业人才的支撑。

（六）我国温泉康养旅游发展对策

1. 明确方向，调整结构

明确未来温泉康养旅游的发展方向，只有方向定好了，才知道该怎么走。休闲娱乐型温泉项目有很大的群众基础，但是发展较好的休闲娱乐型温泉可延伸出休闲康养复合型温泉。温泉旅游的转型并不是对当前休闲娱乐模式的彻底否定，而是在原有基础上对功能和产品结构进行调整，增加新的功能和新的产品，培育和开发新的市场。此外，在国家层面，需要对温泉康养给予更多的政策和资金支持；制定完善的温泉康养标准、等级划分、评判方式等条例，为温泉康养打下坚实的基础；配合全域旅游和“大健康”政策，完善医疗保险；加强宣传温泉康养旅游的知识，扩大温泉康养旅游的市场。

2. 创新改革，重视文化

温泉康养旅游要有所突破，就需要拥有自身的吸引力，需要将中医文化与现代温泉康养旅游相结合。重视中药的疗效，利用中医悠久的历史背景，丰富我国温泉康养旅游的文化底蕴，发扬中华传统文化，形成温泉康养旅游目的地的特色，从而吸引国际消费者前来体验。另外，还要打破原有的温泉健康旅游方式，告别单纯的“疗养 + 护理”，结合现代娱乐业，发展休闲娱乐兼康养复合的温泉旅游新模式，推出“温泉旅游 + 康养小镇”“温泉康养 + 娱乐”“温泉旅游 + 运动”等多种新型套餐，以期推动我国温泉康养旅游的发展。

3. 顺应国情，弯道转型

对于我国温泉旅游南北、东西差异大，发展不平衡，消费者认知度低的基本国情，企业需要认清国情。结合当今温泉旅游发展趋势，企业需结合国情做出适当的调整，开展相应的温泉康养体验项目。同时，积极向消费者介绍温泉康养旅游的特点，温泉康养的疗效和作用，将康养知识传输给消费者，使其相信并接受温泉康养旅游。此外，还需要根据南北方和东西方的不同差异，结合当地的有利条件和特色，制订差异化的发展计划，在稳定发展的基础上实现弯道转型。

4. 加大宣传，普及知识

我国人口众多，市场潜力巨大，只有充分调动国内市场，温泉康养旅游才会有突破性发展的可能性。因此，需要加大对温泉康养旅游的宣传，提高国民对温泉康养旅游的认可度，让更多的消费者了解温泉的康养疗效，进而调动人民群众的积极性，鼓励游客参与并体验现代温泉康养旅游。

5. 引进技术，培养人才

借鉴发达国家领先的温泉康养设施和技术，以期为我国的温泉康养旅游提供智力支持。同时，注重培养温泉康养旅游专业人才，增加教育机构和学校对相关专业的开设，建立温泉康养旅游相关研究基金，与大学联合成立温泉产学研基地，举办温泉康养旅游学术会议，等等。

温泉康养旅游强调温泉与康养产业、旅游业的结合，是文旅融合发展的新方向。《国家康养旅游示范基地标准》《国家温泉康养旅游项目类型划分与等级评定》等，为温泉康养旅游的发展提供了政策支持。在发展中，应加大宣传，提高国民对温泉康养旅游的认知；不断借鉴国外丰富的经验，引进先进技术设备，培养专业人才；结合国情形成休闲娱乐型温泉旅游模式；融入中医中药文化，发展形成具有中国特色的现代化温泉康养旅游模式。

第三章　康养旅游发展

第一节　康养旅游的效应

康养旅游的基础条件是良好的自然环境。人来自自然，良好的物质和气候条件可以减少人机体的病痛，使人更加健康；同时康养旅游地也要有丰富的文化资源，让游客可以在康养旅游地享受精神文化生活，达到心灵的放松，甚至是精神的寄托，使得灵魂没有纷扰，从而真正地享受环境、净化心灵。

一、健康促进作用

自然界各项因素作用于人体后，经过机体的消化、吸收、分解、同化成为人体细胞和组织的成分，进而产生一定的能量，以维持机体的正常生命运动，影响机体的生理功能。选择健康的水体、洁净的空气、舒适的气候、优美的环境区域进行康养度假旅游，能使这些自然因子更好地调节，并保持人体与外界环境的相对平衡，达到健康和养生的目的。

康养环境能够增强机体与外界环境之间的适应能力和调节能力，改善机体的反应性，使人体健康强壮，同时也能提高机体的防御功能。在康养旅游地，多种自然因子综合作用于整个机体，有助于改善机体的反应性。

康养环境对机体内分泌系统的影响以及对组织细胞的直接作用，可改善物质的代谢过程，促进能量与物质的交换，使组织器官的营养正常化，进而改善各组织器官的功能，使机体的组织、器官和系统功能最大限度地接近正常，从而增强机体的代偿功能。①

二、保健作用

康养环境中的负氧离子能快速消除疲劳，提高工作效率，还可以促进机体新

① 杨淇钧，任宣羽．康养环境与康养旅游研究 [M]. 成都：四川大学出版社，2019.

陈代谢，帮助缓解心理压力，达到延缓衰老、增强人体免疫力、延年益寿的效果。

康养环境能有效促进人体各脏器的功能活动按正常的生物节律运行，实现人体生物节律的正常化。良好的环境景观可以调节大脑皮质和心理状态，消除精神紧张，稳定情绪，改善睡眠，增进食欲。

三、心灵放松和愉悦身心作用

我国适合康养旅游的区域一般在海拔较高的亚高原区，这些区域多处于少数民族集聚区，有丰富的少数民族文化，可以让游客有不同的文化体验。少数民族能歌善舞，游客可以参与其中，享受丰富多彩的民族文化。康养旅游的目的地能够满足游客的各种文化需求，帮助他们获得心灵的愉悦和精神的放松。

第二节　康养旅游资源

康养旅游资源主要分为自然康养旅游资源和人文康养旅游资源两大类。

一、自然康养旅游资源

文化和旅游部颁布的《旅游规划通则》规定，自然风景旅游资源包括高山、峡谷、森林、火山、江河、湖泊、海滩、温泉、野生动植物、气候等，可归纳为地貌、水文、生物、气候四大类。自然康养旅游资源也可照此分类。

（一）地貌康养旅游资源

例如山地，是指海拔在 500 米以上的高地。山地起伏很大，坡度陡峭，沟谷幽深，多呈现脉状分布。山地是开展户外运动、游憩等康养旅游活动的重要资源。

（二）水文康养旅游资源

例如温泉、滨海。温泉浴能对人体心脑血管系统、神经系统、免疫系统以及新陈代谢系统等产生有益的影响，适宜健康疗养、“亚健康”康复以及多种疾病的辅助治疗和康复疗养。滨海康养旅游资源是指滨海地带能激发旅游者健康动机，具备一定康养旅游功能和价值，可以改善旅游者身心健康的事物和因素，如滨海负离子、阳光、蓝天、沙滩、滩涂泥疗等，这些因素会让人豁然开朗，加上滨海可以为旅游者提供运动、休闲、观景等活动，会让旅游者从纷繁的都市生活和工作高压中解放出来。

（三）生物康养旅游资源

例如森林、花卉地、草原与草地。森林对人体的保健功能逐渐被人们认识，已成为最重要的康养旅游资源。因此，在森林旅游中一种以卫生、保健、疗养为目的的旅游形式正悄然兴起，主要表现为森林休闲和度假、森林疗养等。花卉地是指花卉群落丛生的空地、草原或灌木林、乔木林。利用花卉地可以开展多项园艺疗法、健康休闲活动。“都市第三空间理论”认为，现代都市除了提供居住（第一空间）以及各项产业活动（第二空间）的土地外，还必须提供户外休闲场所（即第三空间）供市民自由使用，让市民享受阳光与绿地。这一理论强调市民与自然和谐关系的重要性。这说明都市中的人们能脚踏泥土、仰望蓝天、享受阳光和鸟语花香已经成为健康生活的必要条件。草原包括在较干旱环境下形成的以草本植物为主的植被地带。草地是以生长草本和灌木植物为主并适宜发展畜牧业的土地。草地具有独特的生态系统，是一种可更新的自然资源。草原与草地有着良好的生态环境，因此是康养旅游赖以开展的资源。

（四）气候康养旅游资源

例如避暑或避寒地。处于宜居纬度和拥有宜居气候的避暑或避寒地，拥有最“醇”之自然养生条件。全国四大避暑胜地——河北省秦皇岛市的北戴河、河南省信阳市的鸡公山、浙江省湖州市的莫干山、江西省九江市的庐山，都是康养旅游的理想旅游目的地。

二、人文康养旅游资源

根据《旅游资源分类、调查与评价》（GB/T 18972-2017）国家标准，人文旅游资源包括遗址遗迹、建筑与设施、人文活动、旅游产品。人文康养旅游资源也可按此大类分为建筑与设施康养旅游资源、人文活动康养旅游资源和康养旅游商品。

（一）建筑与设施康养旅游资源

1. 宗教与祭祀游憩区域

宗教与祭祀游憩区域是指进行宗教、祭祀、礼仪活动的地方。

2. 康体游乐休闲度假地

康体游乐休闲度假地是指具有康乐、健身、休闲、疗养、度假等条件的地方。它可以满足人们追求舒适、享受、健康的愿望，因而在一些宁静祥和、空气清新、环境优美之地设置保健、疗养、游乐、休闲设施，是康养旅游活动赖以开展的条件。

3. 园林游憩区域

园林游憩区域是指运用工程技术和艺术手段，通过改造地形、种植树木花草、建造建筑物、布置园路等途径形成适宜游憩的地方。

4. 休闲农业

休闲农业是利用农业景观资源和农业生产条件，发展观光、休闲、旅游的一种新型农业生产经营形态。在综合性的休闲农业区，旅游者不仅可以观光、采果、体验农作、了解农民生活、享受乡土情趣，还可以住宿、度假、游乐。

5. 医疗旅游资源

国内各地在环境优美的地方建有很多疗养院、体检中心和医院，这是开展康养旅游的有利条件，很多地方只要在软件或硬件上稍加改进就可以接待康养旅游者，可以达到对资源的综合利用。

6. 动物与植物展示地

动物与植物展示地是专门饲养动物或栽培植物供人们展览观赏的场所，也是人们接近自然的场所，对于人们的身心健康具有一定的促进作用。

（二）人文活动康养旅游资源

1. 文化活动

文化活动场所是进行文化活动、展览、科技普及的地方，具有丰富人们的文化精神生活、提升人们的文化修养和素质的功能，是开展各种文化、娱乐、知识传播活动的重要设施，也是开展艺术疗法的重要场所。

2. 中国武术

中国武术的上乘功法以健身为宗旨，如太极拳是一种活络肌肉的运动；气功是一种锻炼身心的养生保健方法，通过调心（控制意识，松弛身心）、调息（均匀和缓、深长地呼吸）、调身（调整身体姿势、轻松自然地运动肢体），使身心融为一体，从而达到百脉畅通、脏腑调和、强身保健的目的。[①]

3. 文化旅游资源

文化旅游资源主要以“四大雅趣”——琴、棋、书、画为主，它们既是一种艺术，也是一种娱乐身心的形式。我国传统的琴、棋、书、画将艺术与感情交融在一起，使人们可以在艺术创作之中活动筋骨、抒发情志、百脉疏通、气血调和、养神健形、延年益寿。

4. 中医养生旅游资源

中医养生旅游资源主要是指养生文化提出的形神共养、协调阴阳、顺应自然、调和脏腑、通畅经络、节欲保精、益气调息等一系列养生原则，是我国养生学的理论基础和指导原则。中华民族几千年来对养生的探索与对原理、方法的总结，形成了丰富的养生资源，为养生旅游产品与项目的策划提供了基础，也为发展养生旅游产业提供了平台。

（三）康养旅游商品

1. 土特产

土特产是指某地特有的或特别著名的产品。广义的土特产，不仅包括农林特产，也包括矿物产品、纺织品、工艺品等。一般而言，土特产是指来自特定区域、品质优异的农林产品或加工产品，可以是直接采收的原料，也可以是经特殊工艺加工的制品，无论是原料还是制品，其品质与同类产品相比，应该是特优的或有特色的。这些优质的土特产对于促进人体健康和增加营养都十分有益，因此会吸引不少康养旅游者前往目的地品尝或购买。

2. 健康餐饮

健康餐饮是旅游六大要素之一，健康餐饮对维持机体正常的生理功能、促进人体身心发展、提高人们生活质量具有重要意义。因此，健康饮食也是康养旅游的重要吸引物。

3. 中药材及制品

中药主要由植物药、动物药和矿物药组成。因为植物药占中药的大多数，所以中药也称中草药。中国各地使用的中药已达 5000 种左右，把各种药材相配伍而形成的方剂，更是数不胜数。中草药已经成为旅游者喜欢的康养旅游商品。

---

① 高环成．产业融合背景下的康养旅游研究 [M]. 北京：中国纺织出版社，2023.

第三节　康养旅游开发

康养旅游资源是康养产业发展的基础，康养旅游开发是以康养环境为基础的，因此开发时既要将对人体有益的自然康养环境和重要的康养功能或医疗功效发挥出来，最终实现为人的机体健康服务，同时又要考虑康养旅游地的承载力和可持续性发展，这样才能发展好康养旅游。康养旅游资源的开发是一项系统性工程，要科学、合理地开发和利用康养旅游资源，发挥康养旅游资源的各种康养功能，在使康养旅游资源得到有效利用的同时获得适当的保护。

康养旅游资源开发必须遵循康养旅游发展的客观规律，综合考虑康养旅游资源的种类，康养的功能、价值、空间布局等诸多因子，科学、合理地设置康养的接待设施，使康养旅游资源的功能产生最大效益，从而实现康养旅游资源的合理开发和利用。

一、康养旅游市场

康养产业的发展将影响现代服务业的发展水平和经济结构的完善，发展康养产业对扩内需、促就业等方面具有重大的现实意义。康养产业属于健康服务业中的新兴产业，覆盖面广，产业链长，能推动体育、卫生、旅游、文化创意、金融服务等产业的有机融合，能对众多上下游产业发展产生强劲的带动效应。而我国适合康养旅游发展的区域，目前均属于欠发达地区，更应该科学快速地发展康养旅游。康养旅游该如何发展？首先应找准市场。那么，怎样的人群才是康养旅游的潜在游客？主要包括老年人群、中青年“亚健康”人群和追求生活品质的人群。

（一）养老旅游市场

人口老龄化加速催生养老的旅游市场空间。根据联合国教科文组织制定的标准，当一个国家 60 岁及以上的人口占总人口的比例达到 10%，或 65 岁及以上人口占总人口的比例达到 7%，即可称为“老龄化社会”；65 岁以上的人口比率超过 14% 即为“老年型社会”。我国老年人口数量庞大，养老形势严峻，需求层次多样，全社会“健康老龄化”产生的巨大刚性需求亟待满足。老龄人对夏季避暑、冬季避寒，又适合养生的旅游产品需求旺盛，康养旅游地应针对市场需求开发长宿型“异地养老”产品。

（二）“亚健康”旅游市场

“亚健康”是处于健康与疾病之间的临界状态，即未病，主要表现为：身心不适应感反映出来的症状，如疲劳、虚弱、情绪改变等；与年龄不相适应的组织结构或生理功能减退所致的各种虚弱表现；微生态失衡状态；某些疾病的病前生理病理学改变等。根据世界卫生组织的相关研究，我国健康人群占总人口数的比例较低，疾病状态人群占总人口数的比例与前者相当，较高比例的人处于“亚健康”状态。

适合康养旅游的区域处于亚高原，其环境具有氧分压、气压等比平原低，同时舒适度又高于平原和高原区域，低氧环境对机体产生有效刺激，帮助提高机体健康水平，还有机体会对轻度缺氧产生适应，机体的心血管机能、呼吸机能、氧运输能力、代谢能力、免疫能力以及运动能力都得到提高，机体组织、器官、系统均产生一系列的代偿性适应，这在一定程度上可以提高机体耐缺氧的能力，从而提高体质与健康水平，达到健身的目的。适宜的低氧锻炼可以治疗高血压、糖尿病、心脏病等慢性病，同时还可以改善高血糖、高血脂和高胆固醇。

（三）高端旅游市场

追求生活品质的人群对旅游地的基础生态环境质量和精神方面的旅游文化要求更高。我国适合发展康养旅游地域的工业化程度较低，生态环境保护良好，空气质量高，同时也是民族文化资源富集区，更加适合开展高品质的旅游活动。

二、康养旅游资源开发

（一）开发原则

1. 独特性原则

康养环境的自然因子呈现地带性分布，康养资源也存在地带性差异。康养的功能各具特色，需从不同的角度开发康养旅游，突出自然康养因子的特色和特征。要进行差异化和特色化开发，康养旅游地才能更好地发展。①

① 王玲．康养旅游策划 [M]. 杭州：浙江大学出版社，2020.

2. 环境保护原则

康养旅游资源的开发对康养生态环境具有一定的破坏作用，在利用康养旅游资源的同时，必须重视对康养地区旅游资源与环境的保护，不能一味地只追求经济效益而不顾及环境效益，甚至造成环境破坏。要控制好康养地的人口容量，科学地计算其环境承载力，使康养旅游资源实现永续利用和持续发展。

3. 综合开发原则

进行康养旅游开发时，既要科学地分析康养环境的要素对机体的保健、恢复和医疗作用，同时也要深入挖掘项目地的人文旅游资源。在自然康养的基础上，合理利用人文资源，使得康养旅游地按照自然要素和人文思想综合的原则开发，从而实现人们肉体和灵魂的双重康养。

（二）开发模式

康养旅游资源开发模式应以主要资源为主导进行合理开发，充分发挥主体资源的康养功能和价值。同时，要进行综合性开发，打造特色鲜明、文化丰富、接待设施齐全、服务完备的康养综合体。

1. 以自然为主导的康养旅游开发模式

以自然为主导的康养旅游开发模式，是以地质地貌、水体、气象气候和生物等自然地理要素为主进行开发，并力求最大限度地发挥主要自然康养资源的功能。例如，山地的景观优美、气候佳，可以将其开发成为山地型康养度假目的地；森林的植被、物产丰富，可以将其开发成为森林康养旅游目的地；温泉具有一定的医疗功能，可以将其开发成为医疗温泉式的康养旅游项目；气候温润的区域可以发展成为避暑、避寒的康养旅游目的地；等等。自然类的康养旅游资源具备形态美、色彩美、动态美、声音美的特征，这些资源具有区域性、不可移动性、天然性、季节性、地带性等特点，应充分利用自然的物候，开发有益人体康养的度假胜地。

2. 以人文为主导的康养旅游开发模式

人除了自然属性外，还具有较强的社会属性。人不仅需要健康的体魄，还需要有心灵的归属和寄托，可以充分利用旅游地的人文资源，如历史文化、乡土人文、民族风情、民俗等资源，开发具有浓郁精神康养气息的旅游目的地。

（三）开发康养旅游产品

对康养旅游产品应该遵循旅游发展的规律和旅游市场的需求，进行分层次、成体系的科学开发。康养旅游产品可分为高、中、低端三个层次。低端产品应以美丽乡村、自然观光为主，打造“养眼”的观光系列基础产品；中端产品应以健康养生、运动康体等为主，打造“养身”的休闲系列重点产品；高端产品应以文化为主，打造“养心”的文化系列特色产品。这些产品按一定比例配置，可以满足多层次的康养旅游需求，并把项目圆满打造成理想的康养旅游产品。

（四）康养旅游资源开发策略

1. 构建康养旅游品牌吸引力

要落实国家生态文明建设战略，立足城市转型升级的战略发展方向，围绕建设中国阳光康养产业的目标，以大产业、大集群、大项目推动康养旅游资源的高度融合开发。

应结合养老、养生、康体、旅游、医疗等市场需求，扩大产业面、延展产业链，开发建设一批资源基础好、配套条件优、市场潜力大、组合能力强、带动作用显著的特色康养旅游产品集群，落地实施一批精品龙头项目，形成阳光康养产业建设的重要支撑点，引领产业转型升级，强化城市核心竞争力，构建具有特色的康养旅游品牌吸引力。

2. 构建产业发展体系

要抓住国家对康养产业的扶持政策机遇，有效整合优势康养旅游资源，注重挖掘康养旅游特色，尤其是特色文化载体，对接养老、养生、体育、旅游、医疗等市场需求热点，构建以养老服务产业、体育运动产业、旅游休闲产业、健康养生产业、医疗服务产业等产业为核心，绿色农业、文化与创意、金融与保险、科技信息、商贸服务、房地产和教育卫生等产业为支撑的“5+N”阳光康养产业发展体系。

3. 丰富康养旅游服务体系

应促进康养旅游资源与绿色农业（花果蔬菜等）、文化创意（移民文化等）、金融保险等行业的融合发展，丰富创新花果养生美容、健康饮食休闲、文化养生体验、康养保险服务，以及医疗康养服务、养老养生地产、“亚健康”科普宣传、养老养生信息化服务等康养旅游服务体系。

4. 根据旅游资源类型，满足消费者多样化的需求

我国地域广阔，旅游资源丰富，相关旅游单位可以根据旅游资源的不同类型，

开发多样化的康养旅游产品。从地形上看，我国横跨平原、丘陵、山地、高原。平原地区开发平原康养产业，主要进行农业种植、农业观光、绿色果蔬生产以及农业生产体验等康养活动；丘陵地区开发丘陵康养产业，在丘陵景观较好的地区进行生态体验、药材生产以及农产品种植等康养活动；山地地区开发山地康养产业，可针对户外运动喜爱者和修身养性者开发登山、徒步、攀岩、户外瑜伽以及禅修等康养产品；高原地区可开发高原康养产业，利用高原独有的自然环境和文化氛围，发展高原食品以及民族医药等康养产品。此外，还可开展以沙滩理疗、海上运动、海洋食品为主的海洋康养产品，以温泉养生、温泉度假、温泉理疗为主的温泉康养产品，以中医养生、针灸推拿、中医药调理为主的中医药康养产品。

5. 根据客户群体类型，针对性地满足其消费需求

可以根据客户群体的不同开发适合的康养旅游资源。老年人是康养旅游的一大重点服务群体，针对老年人的康养旅游不仅要提供养老服务，还要提供老年人身体健康监测、慢性病管理、医疗旅游、养生膳食制作等服务。中青年群体面临巨大的工作和生活压力，大多数处于“亚健康”状态，针对该类人群既要做好健康监测和疾病防治，又要保障其身心放松。青少年群体对康养产品的需求更多的是围绕教育、体育、旅游以及心理咨询展开，可以提供健身赛事、游学旅游、“亚健康”防治以及心理诊疗等旅游产品。母婴群体同样不容忽视，不仅要有最基础的健康保障，还需配备妇幼膳食、胎儿早教、产后恢复、小儿推拿等其他康养产品。

第四章　旅游经济发展及模式

第一节　旅游经济增长

一、旅游经济增长

所谓旅游经济增长，就是指一国或一地区在一定时期内（通常为一年），旅游经济在数量上的增加和规模上的扩大。当前，国际通行的衡量旅游经济增长的指标主要是旅游总收入增长率。

二、旅游经济增长的影响因素

旅游经济增长受多种因素的影响，主要包括以下几种。

（一）旅游资源及其开发和利用的程度

资源禀赋一方面决定着一国或一个地区能否发展旅游业，另一方面影响着该国或地区旅游经济的增长。丰富的旅游资源是开发优质旅游产品，吸引众多国内外游客，促进旅游经济增长的前提条件。但值得注意的是，拥有丰富的旅游资源并不一定能实现旅游经济的增长，只有对旅游资源进行科学的开发和有效的利用，才能将资源优势转化为经济优势，实现旅游经济的增长与发展。

（二）旅游投资增长率及投资效率

旅游投资是旅游经济中各种投入要素的价值体现。单独的旅游资源并不能自动转化为旅游经济，它必须经过人的有意识的投资活动，将各种要素有机结合起来。因此，旅游经济的增长离不开旅游投资的推动。在一般情况下，旅游经济的增长率同旅游投资的增长率成正比。此外，旅游投资的效率也会影响旅游经济的增长率，在投资总量不变的情况下，投资效率的提高表明投资对旅游经济的推动力量加大，从而旅游经济的增长速度也会更高。

（三）旅游从业人员的数量和质量

旅游从业人员对旅游经济增长的作用是双方面的：一方面，在现有旅游设施设备未能得到充分利用的情况下，旅游从业人员的增加将使原本闲置的各种旅游资源得到利用，从而促进旅游经济的增长。另一方面，在从业人员已经饱和的情况下，增加人员将降低劳动生产率，这会制约旅游经济的增长。因此，是否增加从业人员主要看旅游设施设备的使用情况。此外，从业人员的质量对旅游经济的增长也有重大影响，一支高素质的旅游从业人员队伍将会大大提高劳动生产率，促进旅游经济的增长。

（四）旅游科技水平及其利用程度

旅游科技水平及其利用程度直接影响到旅游资源的开发利用程度和旅游产品的吸引力。不断研发新的旅游技术，开发新的旅游产品，将提高现有旅游资源的利用率和旅游者对旅游产品的需求，从而推动旅游经济的增长。

（五）旅游业的对外开放水平

现代旅游活动已经发展成为一种全球性的经济活动，这就决定了一国旅游经济的增长必然受国际社会的影响和制约。扩大对外开放水平，吸引国外游客进入和消费本国旅游产品，将极大促进本国旅游经济的增长。同时，加强国际旅游产品、人才、管理技术等的交流和合作，取长补短，相互促进，也会对本国旅游经济的增长产生积极作用。

三、旅游经济增长方式的转变

旅游经济增长方式是指决定旅游经济增长的各种因素的组合方式和实现旅游经济增长的主要途径。旅游经济增长方式一般有两种：粗放型增长方式和集约型增长方式。

（一）旅游经济粗放型增长方式

旅游经济粗放型增长方式是指在旅游生产要素质量、结构和使用效率不变的情况下，主要依靠旅游生产要素的大量投入，即通过大量开发旅游资源、增加旅游投资和劳动力投入来实现旅游经济的增长。粗放型增长方式的实质是以数量增长为中心，其经济效益一般相对较低。如大量的观光旅游者虽然可以扩大旅游者的接待规模和数量，但由于观光旅游者的消费支出较低，其经济效益并不高，对促进旅游经济增长的作用也相对有限。因此，任何国家和地区在旅游业发展初期都采取粗放型增长方式，以实现快速的旅游经济数量增长和规模扩大；当旅游经济发展到一定时期后，必然推动旅游经济增长方式的转变，从粗放型转向集约型，以追求旅游经济效益的提高和实际旅游经济的增长。

（二）旅游经济集约型增长方式

旅游经济集约型增长方式是指主要依靠提高旅游生产要素质量和使用效率，即通过旅游科技进步和应用，提高劳动者素质和旅游资源、资金、技术、设备的利用率来实现旅游经济的增长。集约型增长方式的实质是以效益增长为中心，其经济效益通常相对较高。

旅游经济增长方式是在一定的社会经济历史条件下形成的，并受一定经济发展水平和经济体制所制约和影响。目前，我国位居世界旅游接待大国的第五，但旅游经济的综合效益不高。因此，加快旅游经济增长方式的转变，走旅游经济集约型增长道路，实现从旅游大国到旅游强国的跨越，意义重大。

加快推进旅游经济增长方式的转变，是提高旅游业整体素质和竞争力，参与国际旅游市场竞争的客观需要；是实现旅游经济内涵式增长，不断提高旅游经济效益的客观需要；是合理有效利用旅游资源，加强生态环境保护，实现旅游经济可持续发展的客观需要。为了加快推进旅游经济增长方式的转变，可采取以下措施：①积极推动旅游科技进步。这是实现旅游经济集约型增长方式的基础，尤其是在旅游业广泛应用现代高新技术，必将为旅游经济的快速增长注入新的活力和动力。②加快旅游教育和培训，不断提升劳动者素质和能力。这是实现旅游经济持续增长的重要保障，也是提高旅游经济整体竞争力的核心内容。③加大旅游经济结构调整力度，改善旅游产品结构，增加高素质旅游客源，合理布局旅游区域结构，优化旅游产业结构，促进旅游经济结构的合理化和高级化。④积极推进旅游经济体制改革，建立适应现代市场经济的产权制度和法人治理结构，为旅游经济增长提供制度化保证。⑤加强旅游管理的现代化，不断提高旅游经济的投入产出效益，实现旅游经济合理持续增长。

第二节　旅游经济发展战略

一、旅游经济发展的概念

旅游经济发展与旅游经济增长是两个既相互联系又不完全相同的概念。旅游经济发展比旅游经济增长内容更加广泛、内涵更加深刻。旅游经济发展不仅包括旅游经济总量的增长，还包括旅游服务质量提升、旅游经济结构优化、旅游资源有效利用、旅游生态环境改善、旅游经济效益提高和人们生活质量不断提高等，即整个旅游经济质的变化和提升。因此，要正确理解旅游经济发展的概念，必须进一步分析和掌握旅游经济增长、旅游经济结构和旅游经济发展的相互关系。

（一）旅游经济增长与旅游经济发展

旅游经济增长与旅游经济发展是密不可分的。旅游经济增长是推动旅游经济发展的首要因素，并为旅游经济发展奠定必要的物质条件和经济基础。没有旅游经济增长就没有旅游经济发展，旅游经济增长是旅游经济发展的前提条件。但是，旅游经济增长毕竟不同于旅游经济发展，由于旅游经济增长通常只是数量的增长和规模的扩大，因此，单纯强调旅游经济增长，在现实中可能出现只增长不发展的局面，从而严重影响了旅游经济的可持续发展。因此，必须处理好旅游经济增长和旅游经济发展的关系，以保证整个旅游经济的有效增长和可持续发展。

（二）旅游经济结构与旅游经济发展

旅游经济发展既离不开旅游经济总量的增长，又离不开旅游经济结构的合理化和高级化。在旅游经济发展过程中，旅游经济结构合理与否直接关系旅游经济增长的速度和旅游经济发展的质量，因此，从旅游经济发展的角度考虑，不能片面追求旅游经济的高速增长，必须在旅游经济增长的同时努力促进旅游经济结构的优化。优化旅游经济结构的根本目的，是使旅游资源得到合理的开发利用，使旅游供给体系不断完善和提高，使旅游产业结构更加合理和优化，使旅游产业外部和内部各种重要的比例关系不断趋于协调，并不断向高级化发展，从而充分有效地发挥旅游经济的产业功能和经济优势，全面提高旅游业的综合经济效益，促进旅游经济快速增长和持续发展。

二、旅游经济发展战略

（一）旅游经济的超前发展战略

世界旅游经济实践表明，各国在旅游发展战略上，可以有两种选择：一种是超前型发展战略，另一种是滞后型发展战略。超前型发展战略是旅游经济超越了国民经济总体发展阶段，通过率先发展旅游业带动国民经济相关行业的发展；滞后型发展战略是旅游经济发展滞后于国民经济总体发展的水平，即在国民经济发展到一个相当高的程度，基础设施形成较强体系后，自行带动旅游经济的发展。

超前型和滞后型发展战略，是不同经济条件下的世界各国在旅游发展道路上的两种选择，均具有一定的客观必然性。两种发展战略的运行环境和经济特点有着明显的差异。超前型发展战略的适应条件是旅游的自然环境条件较好，旅游资源拥有量大且旅游产品吸引力强。适应范围主要是经济基础较好的沿海地区和旅游资源丰厚且开发程度较高的地区。由于超前型发展战略是建立在国民经济较低水平之上的，因此该战略追求的不是本行业内在的经济效益，而是旅游经济的波及效益，即利用旅游经济的综合性特点，通过对旅游业的高强度投入，全面带动国民经济相关行业的发展。旅游业发展的兴衰，已经不是旅游业本身的问题，而是国民经济全行业发展的问题。旅游业的作用不仅是获取外汇和回笼货币，而且已成为经济腾飞的突破口。

我国旅游业是伴随着我国对外开放政策的实施而发展起来的产业。从产业运行环境来看，这种产业是建立在较弱的经济基础之上的，要使旅游业在短期内形成较强的产业体系，就要加大对旅游业的资金投入。因此，从短期效益分析，产业的投入与产出严重失衡，在这种情况下，旅游业本身所具有的“投资少，见效快，收益大”的经济特性难以充分体现。如果仅从旅游产业自身效益角度分析，在国民经济基础较弱的条件下，旅游产业的投入似乎是没有道理的。但是，如果从旅游产业的宏观功能去分析，以下三点是值得思考的。

第一，党的十一届三中全会后，我国实行对外开放政策，必须寻找一个开放的“切入点”，而这个“切入点”就是旅游业。旅游业是一个具有特殊优势的外向型国际性产业，它的运行依赖于世界范围的客源的不断注入，通过旅游业的发展，可以广泛吸引世界各国的旅游者，向他们提供产品和服务。大量来自世界各国的旅游者通过旅游这个对外窗口，了解我国对外开放的方针、政策以及投资的各种有利环境，有利于我国对外开放政策的落实。

第二，旅游业具有较强的综合性特点。旅游产业体系的形成，涉及众多的相关产业，对旅游业高强度的资金投入，可以带动一定区域范围内国民经济的全面发展。尤其对那些拥有较丰富旅游资源的地区，旅游业的带动作用更显著。

第三，在我国经济大发展时期，需要借助国外的先进技术与设备，从国外引进技术与设备，就必须建立一大批创汇能力强、见效快的产业，以满足技术与设备引进对外汇资金的需要。与其他产业相比，作为外向型产业之一的旅游业，在获取外汇方面具有得天独厚的产业优势。大力发展旅游产业，在一个较短时期内可以得到一定数量的外汇流入，对于急需外汇又缺乏强有力创汇产业的国家，不失为一种行之有效的举措。

综上所述，我国旅游经济发展现状和基本国情，使旅游业发展必须采取超前型发展战略，按照这种发展战略，在评价旅游产业运行质量时，不能就其产业内在效益去评价，而应就旅游产业外部效益，特别波及与连带效益去评价，只有这样才能对我国旅游业发展做出客观的评价，提高对发展旅游业的认识。

（二）旅游经济的推进式发展战略

世界旅游业有两种发展模式：一种是国内旅游向国际旅游延伸的常规发展模式；另一种是国际旅游向国内旅游推进的非常规发展模式。所谓国内旅游向国际旅游延伸的发展模式，是一种先发展国内旅游，通过国内旅游的发展，旅游地域的延伸，形成出国旅游，然后再发展国际接待旅游的模式。从社会经济背景来看，延伸发展模式的引入是内聚式生活消费方式的转变。在一些国家，随着生产力水平的提高、科学技术的进步、工作节奏的加快，人们的生活方式也因此改变。在紧张的工作和生活环境压抑下，人们需要暂时摆脱枯燥的城市生活环境，到大自然中寻求精神上的调整和体力上的恢复，于是旅游消费就成为这些国家居民生活消费的重要组成部分。最初，居民的旅游活动仅限于国内地域范围，随着国际政治经济关系的改善和旅游需求力度的增强，国内地域已不能适应旅游活动发展的需要，人们开始走出国门，去领略异国的自然风光和风土人情。发达国家以国内旅游为主的旅游结构，不仅充分满足了国内居民的旅游需要，而且随着国际旅游需求的增长，原先用于本国居民的旅游资源和旅游设施也逐渐用于接待外国旅游者，从而出现了国内旅游与国际旅游协调发展的局面。[①]

所谓国际旅游向国内旅游推进模式，是一种先发展国际接待旅游，再发展国内旅游，随着社会经济的发展和人民生活水平的提高，然后再发展出国旅游，最终形成以国内旅游为主，国内旅游与国际旅游协调发展的模式。这是一种先发展国际接待旅游，通过国际接待旅游的发展，全面带动以城市为主体范围的旅游资源的开发、旅游设施的建设，逐渐形成以中心城市为重心的国际旅游体系。随着国内经济的发展，人民生活水平的提高，国内居民的旅游活动开始引入，成为这个体系的一个组成部分。

我国的社会条件、经济条件和消费条件决定了我国旅游业发展只能采用推进发展战略模式。采用这一模式使得我国旅游业发展具有以下几个基本特点。一是旅游业发展以基础和资源条件较好的城市为中心，由旅游城市向其他地区推进，逐渐形成我国的旅游业体系。因此，旅游城市便构成了我国旅游业发展的基本框架。不论是旅游资源的开发、设施的建设，还是线路的设置、区域的划分，都是以旅游城市为依托的。二是旅游资源的开发是以现存的自然与人文景观为基础，由观光型旅游资源为主向混合型旅游资源推进。因此，目前我国旅游目的地大多数是由自然景观与人文景观较为丰富的地区所构成的。三是旅游的组织方式是以全程旅游路线为主体，由路线型产品向板块型产品推进，逐步形成以路线型产品为基础，以主题型产品与特种型产品为主体的旅游产品体系。四是旅游设施的建设以高等级为主体，由高档设施向中、低档设施推进，最终形成以中档旅游设施为主体，高、中、低相结合的旅游设施体系。

（三）旅游经济的跳跃式非均衡发展战略

旅游经济的跳跃式非均衡发展包含两层含义：一层是跳跃式发展。所谓跳跃式发展，是指旅游业发展在历史阶段上具有超越性，在较短的时间内走完常规发展的历程，这是在时间意义上的发展。另一层是非均衡发展。所谓非均衡发展，是指旅游业发展在地区布局上的不均匀状态，使旅游业在不同国家或地区的地位与作用不同，这是在空间意义上的发展。

从时间发展意义上来说，我国旅游经济充分利用国情特点，选择跳跃式发展战略，有可能较快地跨越单一的接待海外入境旅游者阶段而进入接待海外入境旅

① 芮田生，邓思胜，贾爱顺，等．旅游经济学 [M]. 北京：北京理工大学出版社，2018.

游者和接待国内旅游者共同发展的阶段，从而形成具有特色的旅游产业发展道路。一方面，我国的旅游经济兼具发达国家与发展中国家的双重特征；另一方面，我国旅游业的客源市场广阔，多层次、多渠道的巨大客源市场，将促使我国旅游业实现跳跃式发展。

从空间意义上来说，在国际旅游发达城市和国土面积相对狭小的国家与地区，旅游业成为国民经济支柱产业甚至主体产业者不乏其例，如意大利、西班牙、奥地利、泰国、新加坡等。但是在美国、日本、德国等工业发达国家或旅游接待大国，旅游业都未成为支柱产业。虽然旅游业很难成为支撑我国国民经济的支柱产业，但从旅游业在国家总体发展中所处地位的判断来看，这并不妨碍旅游业在我国某些具备条件的地区和城市可以大有作为。如北京、西安、杭州、桂林、昆明、承德、深圳等城市和地区，旅游业完全可能发展成为支柱产业。可以肯定，经过多方面共同努力和国家对外开放程度的扩大，旅游业同样可以成为主导产业或支持局部地区和城市经济社会发展的重要产业，并将对国民经济全局发展产生积极作用。

三、我国旅游经济发展战略的基本内容

新时期旅游经济发展需要形成一个完整的战略体系，其设想可以称为综合协调的旅游经济发展战略体系，概括为一句话，就是“四位一体”。所谓“四位”，就是这个发展战略体系主要由政府主导型战略、经济新增长点战略、旅游强国战略、可持续发展战略四个方面构成，以形成其综合性。所谓“一体”，就是这四个战略集中为“一体”，积极推进经济体制和经济发展方式的根本转变，即经济发展方式从粗放型向集约型转变。这是旅游经济战略发展的关键所在。应按照一体化的要求，注重四个战略的相关关系，形成合力以促进其协调发展。由于这一战略体系体现了重大而艰巨的体制转变的根本性任务，它的实现过程也是一个较长的历史阶段。也正因为这个道理，新时期“四位一体”的旅游发展战略才具有长远的指导意义。

（一）政府主导型战略

政府主导型战略就是按照旅游业自身的特点，在以市场为主配置资源的基础上，充分发挥政府的主导作用，争取旅游业更大的发展。政府主导型战略的主体是政府，基础是市场，因此，在制定和实施战略的过程中涉及各级政府、主管部

门以及与市场和企业的多重交叉组合的相互关系，按照发展的实际情况和要求，各个层次和各个方面应有所侧重和分工，以构成完整的促进旅游业发展的体系，这也符合旅游大国的特点。政府主导型战略的主要内容包括观念主导、政策主导、管理主导和资金主导等几个方面。参照国际经验，实施政府主导型旅游战略的主要措施有以下几条：建立和完善旅游法制体系；旅游管理部门升格；开征旅游税；增加旅游宣传促销的投入等。

（二）经济新增长点战略

选择和确定经济新增长点，必须把握五个基本原则：一是符合转变经济发展方式的要求，有利于经济增长的集约化；二是市场需求量大，有利于增加有效供给；三是产业关联度高，有利于带动相关产业的发展和结构升级；四是国际竞争力强，有利于扩大出口创汇；五是投资回收快，有利于形成经济的良性循环。这五个原则也是经济新增长点的基本特征。经济新增长点的提出和政策化，为我国旅游业的发展提供了新的历史机遇。因此，经济新增长点战略就自然成为旅游发展战略体系的一个重要方面。从短期看，是要争取确定为经济新增长点；从中期看，是要大力培育经济新增长点，使之全面发挥作用；从长期看，是要从经济新增长点发展成为国民经济的支柱产业。

（三）旅游强国战略

我国虽然已经是一个旅游大国，但还不是一个旅游强国。从旅游大国到旅游强国，这一发展战略的核心是质量，目标是大幅度地提高市场竞争力。旅游发展质量和旅游服务质量构成旅游强国战略的总体框架。价格战略、品牌战略与人才战略是质量的自然延伸，是竞争深化的需要，也是旅游强国战略的有机组成部分。我们必须采取一系列的工作措施和战略对策，使这一战略得以实现，最终形成强大的竞争力，从而参与世界旅游经济的水平分工，以新的姿态在 21 世纪的中国经济发展和世界旅游发展中创造出新的业绩。

（四）可持续发展战略

目前，可持续发展战略已经成为世界性和世纪性的话题，引起了世界各国政府和人民的广泛关注和普遍重视。可持续发展并不是一个简单的环境保护问题，而是从人类的总体社会生活和长远发展的各个方面提出的。因此，可以从自然的、社会的、经济的、技术的各个角度分别阐述。有关的定义有近百种，大家普遍比较认可和接受的是，世界环境与发展委员会纲领性文件《我们共同的未来》的主持者于 1987 年提出的定义，即可持续发展是“既满足当代人的需求，又不对后代人满足其自身需求的能力构成危害的发展”。这个定义有三个要点：一是要满足当代人的需求，即无论富国、穷国，富人、穷人，都有生存权和发展权；二是要考虑后人的满足，即达到代际公平；三是要考虑环境和资源的承受限度。旅游业可持续发展战略的基础是资源的永续利用，核心是旅游业发展中的经济效益、社会效益和环境效益的统一。在实施旅游可持续发展的过程中，政府的宏观决策和管理措施是决定性的因素，这就是在可持续发展思想中制度因素的作用。可持续发展战略是旅游发展战略体系的最后一部分，从长远看，也是最重要的一部分。

（五）一体化战略体系

以上所讲的政府主导型战略、经济新增长点战略、旅游强国战略和可持续发展战略，就其实质和重点来说，在这个旅游经济发展战略体系中，政府主导型战略占据主导地位，起着决定性的作用；经济新增长点战略的实质是行业规模的扩大与作用的增强，因为任何功能的变化都必然有规模的因素在内；旅游强国战略的实质是质量的提高与竞争力的增强；可持续发展战略的实质是效益，但不是单纯的经济效益，而是社会效益、经济效益和环境效益的统一。因此简单概括，这四个战略又可称为主导战略、规模战略、质量战略和效益战略。就其内部关系来说，主导是手段，规模是基础，质量是过程，效益是目的。而这四个战略的融合和集中，就是一体化战略体系。新时期的旅游经济发展战略体系应当是一个综合协调的体系，但在实际过程中可能发生各种不协调的情况。例如，偏重规模而忽视质量，偏重速度而忽视效益，强调政府主导而影响了市场发育。反过来的情况也可能发生。此外，各地情况差异大，在不同的发展阶段要侧重某一个方面的战略，这就容易形成横向的不协调。在长期的发展过程中，也要有阶段性的变化和战略重点的调整，如果判断不清，调整不明，还会产生纵向的不协调。可见，“四位”需要“一体”，“一体”统率“四位”，这样就可以始终把握战略方向，控制发展过程，掌握主动权。

第三节　旅游可持续发展

一、旅游可持续发展的内涵

当前，对旅游可持续发展的概念还没有一个统一的表述，学者们从不同的角度，给出了种种定义，其中，较具代表性的定义如下：①旅游可持续发展可以被认为是在保持和增强未来发展机会的同时，满足目前游客和旅游地居民的需求；也可以被认为是对各种资源管理的指导。②旅游可持续发展是既满足当代人的旅游需求，又不损害子孙后代满足其旅游需求能力的发展。很显然，目前关于旅游可持续发展的概念研究是以可持续发展思想为基础的，但由于可持续发展本身尚处于探究阶段，许多概念及理论尚无统一结论，因此要想给它下一个准确而完整的定义，无疑还需要人们的不断努力。在现有研究成果的前提下，结合旅游特点，参照可持续发展理论，可将旅游可持续发展作如下定义：旅游可持续发展是指在充分考虑旅游活动对经济、社会、文化、自然资源和生态环境的作用和影响的前提下，努力谋求旅游业与自然、社会、文化和人类生存环境持续协调发展，这种旅游发展模式将为旅游者提供高质量的感受及体验，并与提高旅游目的地人民的生活质量相统一，同时保证不损害后代旅游者和旅游地居民满足其需求的可能性。

二、旅游可持续发展的思想实质与目标体系

（一）旅游可持续发展的思想实质

1. 满足全人类需要

旅游资源是全人类共同拥有的宝贵财富，是人类文明进步的见证。发展旅游业首先是通过适度利用旅游环境资源，实现经济效益，满足当地社区的基本需要，提升当地社区居民生活水平，在此基础上，还要满足旅游者对更高生活质量的渴望，满足其发展与享乐等高层次需要。

2. 资源有限性

旅游资源满足人类目前和未来需要的能力是有限的，这种限制性表现为旅游环境的承载力，即一定时期、一定条件下某区域所能承受的人类旅游活动的阈值。

只有找到旅游环境承载力的一个最优值域，并将旅游开发控制在这一范围之内，才能既满足当代人类旅游的需要，又保证旅游环境系统自我调节功能的正常发挥，进而实现旅游可持续发展。对于可再生性旅游资源，必须保证其利用与该资源的“可持续生产”的一致；对于不可再生性旅游资源，应强调节约利用、再利用和再循环。

3. 公平持续性

首先是本代人之间的公平可持续旅游发展。重视当地社区的贡献，当地社区有权参与本地旅游开发的有关决策，并分享发展旅游业所获得的收益，社区内部收益分配也必须坚持公平原则，保证同代人之间的公平是各国尤其是发展中国家实施旅游可持续发展战略的首要前提。其次是强调代际公平持续以及公平分配有限的旅游资源，特别是公平分配不可更新的旅游资源。在未找到替代性旅游资源以前，应尽可能地延长旅游资源的生命周期，避免不可再生资源过早枯竭。

4. 系统性

旅游业是社会大系统中的一个组成部分，与系统的其他部分既相互区别又相互依存，旅游可持续发展战略的实施离不开其他行业乃至整个社会可持续发展战略的实施与运行。

（二）旅游可持续发展的目标体系

要实现旅游可持续发展，既要有战略思想，同时也必须制定一个战略目标体系。1990 年在加拿大温哥华举行的全球可持续发展大会上提出的旅游可持续发展的目标是：①增进人们对旅游所产生的环境效应与经济效应的理解，强化生态意识；②促进旅游的公平发展；③提高旅游接待地的生活质量；④向旅游者提供高质量的旅游经历；⑤保护未来旅游开发赖以生存的环境质量。可见，旅游可持续发展是一个多层次、多元化的目标体系，该目标体系是其思想的重要组成部分和实际体现，其核心内容是保证在从事旅游开发和旅游活动的同时，不损害后代为满足其旅游需求而进行旅游开发的可能性，将满足现代游客的需求和满足旅游区居民的需求相统一。

具体来说，我国旅游业可持续发展的目标内容包括以下几个方面。

1. 生态的持续性

生态的持续性就是在一定限度内维持生态系统的结构、功能，保持其自身调节和正常循环水平，并增加生态系统的适应性和稳定性。它要求生态系统受人为干扰达最低限度，人类活动不能超过旅游地生态承受能力、经济技术承受能力及社会心理承受能力，以维持旅游地复合生态系统的平衡性和稳定性。

2. 旅游的持续性

旅游的持续性就是在不破坏生态环境的前提下，适度、合理、充分地开发利用旅游资源。它要求突出旅游特色，进行再生性、创造性和多样性的开发，巩固、增强旅游资源的吸引力、竞争力，减缓不可更新旅游资源的衰竭速度，提高经济增长的质量，要运用一定的技术、经济手段和措施并完善设施，提高旅游地的便利性和可进入性，处理好旅游发展与市场需求的关系，避免淡季过淡、旺季过旺的不协调现象，同时切实保护好未来旅游赖以存在的环境质量。

3. 社会经济的持续性

社会经济的持续性就是用最小的资源成本和投资获得最大的经济效益和社会效益，以满足人们的需要，恢复和促进旅游地的经济增长，提高居民的生活质量，防止因贫困而对旅游资源进行掠夺式开发。同时，改变增长质量，以实现人的全面发展，提高公众参与可持续发展的能力，提高人类社会的运行效率和效益，维持经济和社会的长期平稳发展。

三、旅游可持续发展的对策

（一）树立新观念，充分认识旅游经济可持续发展的重大意义

1. 系统观与旅游可持续发展

人类生存的整个地球及其各个局部是自然、社会、经济、文化等多因素组成的复合系统，它们之间既相互联系，又相互制约，其中任何一个方面功能的削弱或增强都会影响其他部分，影响可持续发展进程。在实施发展战略时，需要打破部门和专业条块分割的局面以及地区界限，从全局着眼，从系统的视角进行综合分析和宏观调控。旅游业是社会系统的组成部分，与系统的其他部分既相互独立、自成体系，又相互依存。推进旅游可持续发展，必须考虑旅游在区域发展中的功能作用以及与相关子系统在功能上的匹配与否，任何超越客观条件的超前发展和人为限制旅游业发展的滞后做法，都会阻碍旅游可持续发展的实现。

2. 资源观与旅游可持续发展

对不同属性的资源，采取不同的对策。对不可再生资源应提高使用效益，寻

找替代性资源，尽可能推迟其枯竭的时间；对可再生资源，要限制在其再生产的承载能力限度内。将资源价值核算纳入经济体系之中，改变资源无价或低价的现状，保证资源的持续利用。旅游业的发展对人类的自然遗产等旅游资源有着很强的依赖性，旅游资源的开发潜力和可利用程度是旅游业发展的基本前提。应针对旅游资源的不同类别与属性差别，协调资源开发、保护与人类旅游需求的关系，科学、合理地规划、开发与保护珍贵的旅游资源，使之最大限度地发挥其应有的价值，并尽可能地延长其使用寿命，促进旅游资源的持续利用。

3. 平等观与旅游可持续发展

可持续发展的平等观包括三层意思：一是本代人的公平分配和公平发展；二是代际公平，反对为满足自己需求而损害人类世世代代满足需求的条件——自然资源与环境的行为，让后代享有公平利用自然资源的权利；三是公平分配有限资源。旅游业的发展应在满足当代人需要的同时，杜绝掠夺式开发旅游资源，保证后代人能公平享有利用旅游资源的权利，满足后代人发展旅游业和进行旅游的需求。

4. 协调观与旅游可持续发展

可持续发展的协调观认为生态、经济与社会的协调发展是可持续发展的前提，没有协调发展就根本不可能实现可持续发展。对于系统中的各子系统应做到组合优化、和谐有序。这里既有各要素在结构、功能、区域上的协调，也有它们在时段上的协调；强调一个子系统中的要素和其他子系统中的要素之间、子系统内部各要素之间的协调发展。旅游业要实现可持续发展，不仅应考虑旅游业与经济社会发展水平，也要兼顾生态环境对旅游业发展规模、档次的承载能力，同时对旅游业自身的各要素，如旅游资源的结构、等级、客源市场以及旅游相关产业等基本情况进行分析综合，保持适度发展规模，促进旅游业协调、稳定、健康、持续发展。①

5. 全球观与旅游可持续发展

许多资源与环境问题已超越国界和地区界限，具有全球的规模，人类所面临的共同问题，不是仅靠某些国家就能解决的。要实现全球的可持续发展，就必须建立巩固的国际秩序和合作关系，人类必须携手并肩，互相帮助和支持，共创辉煌的未来。旅游资源是全人类共同拥有的财富，是人类文明进步的见证。实现旅游可持续发展，就必须摒弃狭隘的区域观念，加强国际交流与合作，充分利用人

① 朱伟，马勇．旅游经济学 第2版[M]．武汉：华中科技大学出版社，2021.

类所创造的一切文明成果，特别是那些有利于旅游业发展的技术、信息与现代管理手段，实现全球旅游业的繁荣与发展。

（二）保护旅游生态环境

目前，我国旅游业发展中存在一些不合理现象，如盲目开发、资源供需失衡、生态系统的破坏和环境退化、国民环境意识淡薄、游人环保意识不强、游人的不文明行为，这些都威胁着旅游业的可持续发展。保护旅游生态环境应抓好以下几项工作。

1. 强化旅游可持续发展的意识

人们只有对事物有了高度的认识，才会有自觉的行动。对旅游资源、环境与旅游业可持续发展的关系，以及与人类的生存关系有了正确的理解，旅游经营者才会严格执行环境保护方针、政策和法令，建设好环境，管理好环境，旅游者才会自觉遵守环境资源保护法和有关规定，爱护旅游资源。

2. 合理确定旅游客容量

我国旅游资源在世界上有较高的知名度，对海外游客有较大的吸引力。主要位于我国中西部的边远或民族地区的观光旅游、生态旅游、森林旅游，对东部沿海的城镇消费者有较大的吸引力，形成一股旅游流；城市旅游对农村或乡镇居民有较大吸引力，形成一股旅游流。无论是何种目的地，都应从旅游地居民心理容量出发，依据游客密度、旅游经济效益、土地利用强度等影响因素及其相互关系，计算出同一旅游区不同发展阶段的旅游承载力指数的变化值。依据变化值体现出的变化发展方向采取适当的调控策略，从而选择对环境最佳利用的旅游方式。

3. 大力推广草业科学

绿色植物有涵养水源、保护水土、改变大气质量的功能，使旅游者产生最舒适的视觉感应。因此在旅游区、旅游城市要有计划地推广草业科学，有计划地进行绿化、美化，建设多层次、结构合理的旅游点。

（三）坚持旅游资源保护性开发

长期以来，在旅游实践活动中，没有把旅游资源的消耗纳入旅游成本之中，忽视和歪曲了旅游成本的构成，低估了旅游的成本水平，虚增了旅游新创造价值部分，形成了“旅游业是低投入、高产出的劳动密集型产业”的认识。在这种认识的诱导下，旅游目的地的政府和企业为了本地和集体的利益，不顾环境和社会经济文化环境的实际承受能力而过度开发利用当地的旅游资源，旅游业在宏观调控上基本处于一种失衡状态。在微观上，各地的旅游企业各自为政，形成恶性竞争，对旅游资源进行重复开发甚至破坏性开发，严重地制约了旅游业的可持续发展。因此，只有对旅游资源进行保护性开发，才能实现旅游资源的可持续利用。

1. 正确普查评价旅游资源

近年来，我国旅游资源研究发展较快，但所持观点和所依据的原则差距很大，在资源分类、评价等基础理论上存在标准不统一的现象，造成资源调查和有效统计方面的困难。因此，我们应深入研究“旅游资源”及相关概念的科学界定，建立明确、简洁的旅游资源应用分类系统、评估体系，对资源种类、等级、品位、组合特征、价值、分布等进行实事求是的评价。同时对资源的优势和劣势、利用前景、效益预测等方面进行科学分析、论证，尽早建立我国旅游资源文库。

2. 开发旅游名牌产品

旅游名牌产品是旅游的整体形象的构成要素。旅游资源只是可供旅游业发展的原材料和基础条件，旅游产品是对旅游资源的开发和综合利用，旅游名牌产品是通过对旅游资源的开发和综合利用后，成为具有轰动效应和独特价值的特殊吸引物。它的功能在于能带动几个旅游点或旅游区的发展，并使这种发展具有超常、跳跃的特性，形成巨大的磁力效应。在当今旅游产品开发经营活动中，旅游资源趋同、建设主题趋同、质量标准趋同、促销手段趋同，谁拥有旅游名牌产品，谁就拥有旅游业持续发展的生命力，就能在激烈的市场竞争中获胜，取得良好的经济效益。

3. 提高旅游业科技含量

要对旅游科学的基础性问题进行深入研究，明确旅游科技创新及提高科技含量的领域和重点：在旅游生产力要素（如旅游资源、饭店、餐饮业、旅游交通和运动探险类设备、旅游商品、纪念品、旅游娱乐休闲项目、废弃物处理系统等）、旅游服务与运营保障体系、旅游促销和管理领域进行科技创新，力争提高科技含量，在社会、经济、文化中充分发挥综合作用。

（四）采取行之有效的营销策略

1. 提高服务质量

著名的管理学家彼得·德鲁克指出，在企业经营中，产品可以被竞争者模仿，而服务则具有个性化，不容易被模仿取代。因此，要使服务成为行之有效的营销战略，就要求旅游企业在产品的售前、售中、售后以及产品生命周期的各个阶段采取相应的服务措施，并以服务质量为中心，施以全方位、全过程的控制。

2. 宣传旅游的整体形象

旅游地形象主要是指旅游者对旅游地总体的、抽象的、概括的认识和评价，是对旅游地历史印象、现实感和未来信息的一种理性结合。旅游的整体形象决定着旅游地客源市场的形成与发展，很显然，它成为旅游促销的重要内容，影响着旅游的可持续发展。

3. 建立互联网多媒体互动系统

随着信息技术的进一步发展，利用互联网多媒体互动系统将旅游景点动态地展现给消费者，使人们足不出户就可以领略各种风景名胜和人文风俗，这样可减轻对旅游地环境、交通压力及对生态环境的影响；利用多媒体互动系统介绍各种旅游产品，使旅游者产生亲历其景的冲动，加强对将要购买的产品的了解；可以在旅游产品的推销方面起到传统的推销方法达不到的效果。利用互联网络来推销自己的产品，使资源在全球范围内跨国界流动、合理配置使用，提高了旅游服务质量，扩大了市场规模，优化了市场结构，降低了企业市场交易成本，有利于我国旅游业的持续发展。

4. 全球营销

随着市场竞争的加剧，世界经济一体化进程的加快以及信息化时代的到来，知识经济时代经济全球化的发展趋势决定了旅游业的营销必须实行由政府牵头，联络与旅游关系密切的部门，开展政府主导型的促销方式，有利于我国旅游业的持续发展。

第四节　旅游产业融合与业态创新

用融合发展的观点来统领各个产业的发展、协调各个产业的关系，既是对旅游业功能与地位的新认识，也是发展理念的创新。产业融合与新业态发展已经成为推动我国旅游业发展的重要形式，是一种产业创新。

一、旅游发展的新趋势

进入新发展阶段，我国旅游业发展前景广阔，旅游需求旺盛，旅游业蓬勃发展，旅游发展呈现创新化、国际化、产业化、市场化、融合化、集群化、人本化和可持续化八大趋势。

（一）创新化趋势

创新是旅游发展的根本，也是旅游业寻求突破和跨越的关键。一切都有赖于创新，创新包括原始创新，集成创新，引进、消化再创新。以创新理念认识旅游资源、开拓旅游市场；以创新理念定位开发战略、优化产业布局；以创新理念规划旅游产品、推销旅游产品；以创新理念运作旅游业态、开发旅游项目等。

（二）国际化趋势

随着经济全球化和一体化的发展，国家之间的界限正日渐模糊，不同文化背景之间的交流日趋频繁。在这样的环境下，旅游发展也必然呈现国际化的趋势，即在旅游资源的认识、评价与开发、客源市场定位、旅游项目的设计、旅游设施的环保安全、旅游教育和培训等方面注重与国际接轨，本着“引进来”和“走出去”相结合的原则，进一步探索对外开放新形态，深化和拓展国际合作的内涵与外延。因此，国内旅游学者与专家要培养更加强烈和全面的竞争意识，在国际上开展广泛的合作和交流。同时，还要培养具有国际化视野、国际化理念、国际化人才、国际化方法，实施国际化管理而又植根于本土文化的，集产、学、研、商于一体的旅游规划设计品牌机构。

（三）产业化趋势

实现旅游产业化的条件是旅游业的现代化、国际化、规模化和市场化。现代化是旅游产业化水平的标志，国际化是旅游产业化的空间跨度，规模化是旅游产业化的发展基础，市场化是旅游产业化的运作方式。与此相适应，旅游规划应该站在产业的高度，不断完善旅游产业体系、着力提升旅游产业竞争力、着力提高旅游产业的综合效益，建立“大旅游”的产业发展格局，充分发挥旅游产业的经济、社会、环境等综合功能。

（四）市场化趋势

作为拥有 14 亿多人口的大国，我国在世界上具有举足轻重的地位，而且消费力量越来越强，已由原来的低层次消费发展到中端消费，这意味着我国在国际上的地位越来越高。扩大内需战略为旅游业发展指明了方向，国内旅游对旅游业增长起到了更加强劲的推动作用，旅游规划更应该立足于市场，为实现“成为让人民群众更加满意的现代服务业”的目标奋进。

（五）融合化趋势

现代旅游系统是一个涉及多个产业、多个部门的现代社会经济边缘组合系统。加快产业融合是转变旅游业发展方式的重要支撑，推进旅游业与第一、第二、第三产业的融合发展，从行业和部门规划迈向融合规划。通过规划将旅游业融入服务业，有效对接工业、农业和现代服务业，使旅游业成为带动相关产业发展的纽带。此外，旅游规划应充分体现产业之间的协调、整合，不仅是对旅游业及与其直接相关的食、住、行、游、购、娱行业的规划整合，还应注重旅游规划与当地主体功能区规划、社会经济规划和城乡发展建设规划等综合性规划的对接和融合。

（六）集群化趋势

按照“龙头企业引领、重大项目拉动、增长极核带动”的方针，把迅速培育大型旅游企业作为关键点，把加快重大旅游项目建设作为着力点，把加快精品旅游区建设、打造特色旅游产品、提升精品旅游线路、积极发展重点城（市）镇作为突破点，推动旅游要素向旅游景区、旅游通道、旅游城（市）镇聚集，加快旅游聚集区、聚集带的建设，全面提升产业竞争力。

（七）人本化趋势

在旅游规划中，应注重人类文化学视角和方法的运用，强化旅游业对于人民群众的“服务”性质，促进旅游业发展成为“人民群众更加满意的服务业”。“以人为本”的发展哲学，必须研究旅游者、当地居民、开发者等多重主体及其相互关系。关注游客需求、游客体验和游客细节，培育“客人”对他域环境的尊重、学习、感恩之心；尊重当地居民的生存空间和社区参与，增强“主人”对本土文化的自信心和自豪感；强调“开发者”的环境责任心，权衡责任权利和效益权利之间的关系。

（八）可持续化趋势

资源条件和环境容量压力明显增大是新时期旅游业发展的重要挑战。以旅游可持续发展为目标，强化旅游资源保护，综合把握旅游业在绿色生态、节能环保方面的产业优势，在全行业推进节能环保的绿色发展理念，走生态旅游、低碳旅游的道路，在全社会形成环境友好型旅游方式与资源节约型旅游经营方式的广泛共识，将旅游产业建设成节能环保的绿色产业。

二、旅游产业融合

在需求持续扩张和科技不断进步的时代背景下，产业边界变得不再明晰，产业之间的融合加快，这促使旅游业与多个产业融合发展，互相依托形成了多业共生、混业发展的模式，诞生了许多新型的旅游复合型业态，如旅游演艺、旅游装备制造、旅游地产、会展旅游、城市旅游综合体等，形成诸如“旅游＋地产”“旅游＋会展”“旅游综合体”“旅游＋航空”等产业模式，推动旅游业升级转型。旅游产业综合性强、关联度高、产业链长，要结合本地实际，找准结合点，全面推进旅游业与其他产业融合发展。推动旅游业与第一产业融合，深度开发乡村旅游，促进落后地区、农村地区的发展；推动旅游业与第二产业融合，发展旅游装备制造业；推动旅游业与第三产业融合，发展文化旅游。

（一）旅游与第一产业的融合

旅游与第一产业（主要是农、林、牧、渔业）的融合主要体现在乡村旅游的开发上。乡村旅游是推进乡村振兴的重要抓手，是提升对外形象、树立旅游品牌、促进地方经济高质量发展的最佳途径。除了发展具有特色的农家乐、牧家乐、渔家乐外，深度开发乡村旅游，延伸乡村旅游产业链，主要包括以下几个方面内容。

1. 依托保存完好的乡村民俗，发展特色旅游村落

充分利用农业遗产、农业遗存以及具有浓郁乡土特色的民间艺术，提高乡村旅游吸引力，并大力发展旅游特色村落和乡镇。①

2. 依托农副土特产品，打造旅游商品生产基地

依托畜禽、粮油、蔬菜、瓜果等特色农产品和农副产品，逐步实现由初级加工向高附加值精深加工转变，建设有机绿色食品和特色旅游商品生产基地。以“体验有机生活，享受健康饮食”为主题，依托生态养殖的优势，开发有机生态特色餐饮，创建如“有机鱼鲜汇”“有机果蔬宴”等有机餐饮品牌。

① 马潇，韩英．旅游景区开发与区域经济发展 [M]. 太原：山西经济出版社，2022.

3. 依托现代农业基地，打造全国休闲农业示范点

依托粮油基地、有机蔬菜生产基地、特色果林种植基地、花卉生产基地等现代农业基地，培植有机蔬菜、经济果林、畜牧养殖、特色花卉等特色主导产业，创建全国休闲农业示范点，充分体验有机农业、休闲农场、创意农业、科技农业、设施农业、立体农业等多种农业形式。

4. 依托乡村良好的生态环境，营造乡村大地景观

依托乡村良好的生态环境，或者通过农业种植结构的调整，营造优美的乡村大地景观。

5. 依托乡村优质环境，创建乡村旅游度假新业态

依托乡村优质环境，创建乡村旅游度假新业态，如乡村酒店、乡村俱乐部、乡村高尔夫球场、乡村星级家庭旅馆、乡村家庭博物馆等。休闲农业是以促进农民就业增收和社会主义新农村建设为重要目标，横跨农村第一、第二、第三产业，融合生产、生活和生态功能，紧密连接农业、农产品加工业和服务业的新型农村产业形态。乡村旅游是以农业生产、农民生活、农村风貌以及人文遗迹、民俗风情为旅游吸引物，以城市居民为主要客源市场，满足旅游者乡村观光、度假、休闲等需求的旅游产业形态。发展休闲农业与乡村旅游是我国经济社会现实发展的客观需要，对推进我国农业转变发展方式、优化调整农村产业结构、促进农民就业增收、统筹城乡发展以及拓展旅游业发展空间具有重要的意义。

（二）旅游与第二产业的融合

1. 旅游装备制造业

旅游装备制造业将是未来旅游投资的重要方向。我国将大力培育发展具有自主知识产权的休闲、登山、滑雪、潜水、露营、探险、高尔夫等各类户外活动用品及宾馆饭店专用产品，提高旅游工艺品、纪念品的设计和制造水平，推动旅游房车、邮轮游艇、景区索道、游乐设施、数字导览设施、小型旅游飞机等旅游装备制造业的发展。

2. 旅游商品加工业

大力提高传统手工艺制品（如丝绸、陶瓷、刺绣、石雕、木雕、根雕等）和地方名特优产品研发制造加工水平，开发、策划、包装生态食品、工艺品和具有特色的旅游纪念品，大力发展旅游购物，提高旅游商品、旅游纪念品在旅游消费

中的比重。

3. 工业旅游

工业旅游是伴随着人们对旅游资源概念的拓展而产生的一种旅游新概念和产品新形式。我国近年来发展的工业旅游主要是依托运营中的工厂、企业、工程等开展参观、游览、体验、购物等活动。工业旅游在发达国家由来已久，特别是一些大企业，像德国西门子、美国通用等，它们利用自己的品牌效应吸引游客，同时也使自己的产品家喻户晓。在我国，也有像四川长虹、广州本田这样的现代化企业，已经兴办起工业旅游，并有越来越多的现代化企业开始注重工业旅游。我国著名的工业企业如青岛海尔、上海宝钢、广东美的等也相继向游人开放，许多项目获得了政府的高度重视。融入工业发展产业形势，积极开发工业基地考察游等新型旅游产品，加快形成一批工业观光、购物、考察和体验旅游示范园。

（三）旅游与第三产业的融合

旅游与文化、体育、商业、教育、科技等相关第三产业融合，能够形成文化旅游、体育旅游、探险旅游、养生旅游、商务旅游、会展旅游、自驾旅游、科技旅游等，不仅直接增加了旅游产业和相关产业的总量，而且会拉动金融、交通、物流、信息等相关第三产业的发展。

旅游产业与第三产业的融合主要体现在与文化产业的融合上。文化产业是旅游产业发展的重要根基和资源基础。1986 年联合国教科文组织正式公布了文化统计框架（TCS）。框架将文化统计分为十类，即文化遗产、出版印刷业和著作文献、音乐、表演艺术、视觉艺术、音频媒体、视听媒体、社会文化活动、体育和游戏、环境与自然。这十大类无一不与旅游产业密切相关。文化与旅游两大产业均属于资源“非消耗型”和“保护型”产业，两大产业的融合符合国际上产业生态化的总体趋势。文化与旅游产业融合，不仅可以提升旅游的文化内涵和品位，将文化加载到旅游这一载体上，有利于文化发掘、保护与传承创新，而且有助于有效实现文化资源保值增值，产生明显的社会经济效益，实现文化与旅游两大产业的资源优化配置与优势互补，构建文化旅游产业一体化发展的局面。

目前文化与旅游的融合主要有以下几种形式。

1. 旅游与文物保护单位的融合

大多数旅游景区内部都有不同级别的文物保护单位，其文物价值的独特性、差异性、唯一性赋予了旅游的不可复制性。同时，旅游区内的文物通过旅游收入得到可持续的保护和利用。

2. 旅游与演艺的融合

大型的娱乐演艺活动可以解决游客晚上消费的盲点，增加过夜旅客的数量，强化旅游的文化内涵，如《印象·刘三姐》《道解都江堰》《金沙遗址》《康定情歌》等。旅游发达地区一个成功的经验就是将文艺演出常态化，将区域内具有特色的非物质文化遗产以综艺节目的形式呈现给旅客或让游客参与其中，在欣赏和参与之中感受当地文化的厚重和民风、民俗的淳朴。

3. 旅游与节会的融合

节会经济是旅游发展不可逾越的历史阶段。在旅游发展的初级阶段，节会是旅游发展的助推器，通过节会集聚人气，拉动市场，培育具有影响力的节庆品牌。

三、旅游业态创新

（一）旅游业态的含义

“业态”一词来自日本，最早用于描述零售业中的零售店、专卖店、百货商场、超级市场等经营形式。随着业态理论的发展，“业态”一词不再只是零售业的专属词汇。当“业态”和“旅游”结合在一起，便出现了“旅游业态”这一新名词。邹再进提出，旅游业态实际上是对旅游行（企）业的组织形式、经营方式、经营特色和运行效率等的一种综合描述，并从空间和时间维度，指出旅游业态应该从内部结构探讨其结构的合理性和高级化程度，并将之视为包含业种、业状和业势三大内容的一个多维复合概念。杨玲玲、魏小安认为，旅游业态即指旅游企业及相关部门根据旅游市场的发展趋势以及旅游者的多元化消费需求，提供具有特色的旅游产品和服务的各种经营形态的总和，并指出旅游业态有别于旅游行业和旅游产业。

传统旅游业态是单一传统旅游观光围绕旅游食、住、行、游、娱、购六要素服务的一种经营形态。新兴旅游业态由于消费市场、消费结构、产业结构发生变化和消费需求提升，各地区、各企业为了提升市场影响力和竞争力，在其发展中融入新的思路或转化出新的内容，创造出一些不同于传统业态的业态。目前出现的很多旅游新变化正是业态创新的具体表现，如投资主体的多元化、旅游产品的多样化、旅游线路的组合化、旅游服务的精细化、旅游目的地的差异化、旅游经营的标准化、景区营销的数字化、旅游经济的产业化等。

（二）旅游业态创新的基本模式

旅游业态虽然是旅游产业的表现形式，反映在旅游业各个层面，但从微观层面来说，旅游企业才是业态创新的真正主体，因此应从旅游企业本身来研究业态创新机制问题。张文建总结出包括资源整合式、专业分化式、组织创新式、服务外包式、技术推动式、区域集中式、业务融合式以及俱乐部式八种旅游业态创新的基本模式。

四、旅游新业态

随着体验经济时代的到来，旅游消费日益个性化、多元化。人们更加注重旅游过程中的体验性和参与性，更加渴望回归自然、体验本色，更加注重修身养性，更加注重创意创新。在产业融合的大环境下，旅游新业态的产生主要体现在四个方面：一是在原有传统旅游产品基础上深化体验效果而产生的新业态，如温泉体验旅游、高海拔地区山地旅游等；二是旅游产业内各要素不断衍生分化的新业态，如自驾车旅游、邮轮旅游等；三是与现代服务业等第三产业交叉融合形成的新业态，如会展旅游、医疗旅游、文化创意旅游、体育旅游等；四是与其他第一、第二产业进行融合渗透而产生的新业态，如乡村旅游、工业旅游等。

（一）温泉旅游：深度体验，产业集聚

温泉旅游是休闲旅游的重要组成部分。健康作为全人类的共同追求，科学的休闲养生概念也被提升至空前高度。健康投资作为温泉旅游的价值所在，已经成为该阶段温泉旅游的一个重要消费理念。体验旅游时代的到来，对全面促进旅游产业素质的战略转型提出了更高的要求。温泉旅游区别于其他类型旅游最大的特性是体验性，体验旅游强调的是游客对温泉文化、温泉生活和温泉历史的体验，进而在多元与差异中彰显个性。这不仅是新时代旅游消费需求升级的结果，更是旅游发展模式转型和提升的必然要求。

1. 旅游项目体验化设计

旅游项目体验化设计是指将旅游项目作为一种经济产出类型，以吸引旅游者参与和消费来获取体验的高经济附加值。旅游项目体验化设计，一方面是旅游者对旅游项目的差异化体验和消费过程，获得精神享受和满足，同时增加了旅游项目的体验化效用和进程；另一方面是旅游经营者围绕满足旅游者审美和愉悦等精神

享受的价值核心而追加的多重体验过程，同时也是一种经济效益累积的过程。温泉旅游项目设计在于深度挖掘单项旅游资源（或吸引物）的美学价值、文化价值、科学价值、经济价值等，实现单项旅游项目经济价值最大化。在视觉设计、活动设计、声音设计、味觉设计、触觉设计等方面追求旅游产品差异、产品特色，通过调动旅游者的视觉、味觉、嗅觉、听觉等感官达到全方位的参与体验。

2. 温泉景观设计

温泉旅游度假地的设计理念与其他诸如城市宾馆、度假村或城市公园的做法有明显差异。温泉水是一种特有的资源，但对于一个温泉旅游地来说，仅有温泉资源是不够的，必须在景观元素组合的基础上，紧紧围绕“温泉洗浴，景观营造”这一中心，突出以温泉水体景观为主，以设施景观、绿化景观为辅的设计方针。

在大自然的众多景观元素中，选择水体、山石、植被、硬地以及景观建筑作为景观构成的主要元素，通过直接利用或人工手段，使水体、植被、建筑三个景观层次形成空间过渡与相互渗透，产生丰富多样的景观效果，形成温泉景观系统。同时结合人文环境与地域特色，如民俗风情、历史文化等设计出不可替代的人文景观环境。

3. 温泉产业集聚

温泉产业集聚是指温泉旅游核心吸引物与温泉旅游消费相关的旅游企业及相关支持企业和部门，在一定地域空间内的集中并协同发展。从产业关联度和产业链的角度考虑，温泉产业集聚由三个层次组成，分别是基本行业集聚、直接影响行业集聚和间接影响行业集聚。住宿业、餐饮业、旅游交通业、旅游娱乐业、旅游购物业、温泉消费业、旅行社业等产业是温泉旅游产业的基本行业；与温泉旅游基本行业连接最为紧密的直接影响行业主要有资源勘探与采掘业、建筑设施建造业、酒店产品制造业、广告宣传业、温泉人才教育培训业等；间接影响行业主要是指公共设施服务业，包括水、电、气的提供以及邮政、电信、金融、医疗等行业。

4. 优化产品体系

四季恒温休闲是休闲产业创造最大效益、实现可持续发展的最大卖点。以温泉为引擎，整合泛旅游产业（如会议会展、体育运动、农业观光、旅游地产、娱乐、购物、民俗、影视等），领跑休闲度假产业，是实现四季休闲产业整合的最佳途径。由此，引发了四季休闲产业全新的集结与整合，形成了新的产业模式与业态发展。从度假资源组合的角度，形成春冬两季温泉、滑雪度假，夏秋两季森林、滨海和乡村度假；从温泉深度利用的角度，形成恒温游泳、恒温海水游泳、恒温盐浴、温室大堂酒店等其他休闲产品与产业模式；从项目创新组合的角度，开展四季更新节庆活动，以特色餐饮、节庆、滑雪、高尔夫等休闲资源作为配套，让观光、游乐、泡汤、SPA（水疗）、健身、美食、购物等形成有机互动，从而使温泉旅游实现全天候运转。

5. 温泉体验营销

体验是复杂多样的，体验形式是由特定的体验媒介所创造出来的，并且能达到有效的营销目的。伯德·施密特将这些不同的体验形式称为战略体验模块，并将其分为五种类型：①知觉体验。带游客在源头或者出水井处，让游客在洗浴之前充分进行温泉的知觉体验，感受“原真温泉”的魅力。②思维体验。进行思维体验营销，让游客在游览前、游览时、游览后围绕谜团不断思考，实现旅游行为，增加旅游乐趣。③行为体验。创新温泉洗浴流程，使游客改变原有的洗浴观念和方式。④情感体验。为了实现“快乐”情感体验，要求服务人员要保持微笑、提供优质的服务，制作快乐手册和温馨提示，并营造“快乐”的音乐背景。⑤关联体验。“SPA”一词，本意是水疗，方法是充分运用水的物理特性、温度及冲击，来达到保养、健身的效果。现在，SPA 已经是舒缓压力、休养身心、康体养生、高质量生活的代表和体现，吸引了大量的消费群体。

6. 循环经济利用

以循环经济理论指导温泉度假区建设，加强对生态循环型温泉度假区建设的可能性探讨，大力发展无污染的产业模式。以温泉开发为龙头，带动相关行业的发展。综合开发水平的评价应以最大限度地利用温泉水资源，最大限度地带动地方经济为基本标准。形成以温泉旅游为核心，以供热供暖、养殖业、种植业、畜产品加工等为辅的双核结构，做到广开资源、延长过程、注重节源，为减量化、再利用、资源化创造途径。

（二）高山、极高山山地旅游：低碳环保，高端个性

山地利用方式和发展模式的优化与选择关乎国家生态安全及可持续发展大局。发展山地旅游是山区（尤其是山地地区）发展的重要途径，是人类（尤其是少数民族）利用山地的重要方式。看山，要看极高山。对于那些分布在遥远西部的沉默大山，我国山岳文化的聚光灯始终没有照临到这些山中“灰姑娘”身上。

如果说以中东部山为主体的中华传统山岳文化是古典地理学的产物，那么西部山地山岳文化一旦走到前台，必将引领一场山地旅游的颠覆性革命。我国高山、极高山资源丰富，攀登高山和极高山貌似是少数人参与的活动，但是对于蓬勃发展的现代旅游业来说，随着旅游交通、社会经济、安全保障、技术设备等的全面升级，高山、极高山地区旅游新产品、新业态和顶峰深度体验将引领山地旅游的主流趋势，是旅游可持续发展的必然选择。

1. 规划与开发原则

（1）以人为本，保障发展

山区交通可进入性难度较大，游客适应性相对较差。深入分析游客的运行规律，游客的生理需求和心理需求，针对入境旅游市场、自驾车旅游市场、特种旅游市场、高端观光市场的需求特征，针对不同年龄、不同身体素质、不同职业特征的客源市场，提供人性化的服务。高度重视公共安全，系统构建公共安全综合体系，提升公共安全综合保障能力以及应对自然灾害、突发事件的应急和救援能力，保障旅游区的可持续发展。

（2）绿色环保，低碳旅游

山区太阳能、风能、水能丰富，提倡以低能耗、低污染为基础的绿色旅行。其中包含政府与旅行机构推出的相关环保低碳政策与低碳旅游线路、个人出行中携带环保行李、住环保旅馆、选择二氧化碳排放较低的交通工具等方面。这也为我国四类主体功能区中限制开发区和禁止开发区的旅游发展提供了范例和思路。

（3）富民安康，社区参与

山区地段往往是经济不发达地区，应妥善处理和协调旅游各利益相关方的关系，尤其是高山地区“农村、农业和农民”的关系。通过旅游城镇建设及乡村旅游的发展，促进高山地区基础设施和服务设施的建设，调动山区居民发展旅游的积极性和创造性，带动地方经济发展。

（4）交通先行，高位发展

小众的生态旅游固然能保护生态环境，但是如何在环境保护和经济效益之间达到平衡？满足高端、大容量的观光市场应该是问题的关键。山地地区山脊多呈齿状，山峰多呈锥形，地形复杂，可达性低，可以建设一定的徒步、马道，也可以采用旅游直升机提供一种高端的空中旅游。对于丘状起伏的高原地区，也可以建设大容量、安全、舒适、快进快出的山地轨道交通系统。

2. 规划与开发重点

立足山地旅游发展的客观现实，确定山地旅游开发的六个要素，即景观要素、经济社会要素、绿色服务设施要素、游客安全服务要素、新产品新业态要素、顶峰体验要素。其中，景观要素是资源基础，经济社会要素是催化引擎，绿色服务设施要素是基本保障，游客安全服务要素是安全保障，新产品新业态要素是盈利保障，顶峰体验要素是核心灵魂。

（1）景观要素

山地的审美标准主要侧重于气候气象、地质地貌多样性和生物景观的敏感性，它们是山地旅游资源的基础和风景骨架，在很大程度上决定着旅游项目的兴建和选择。科学价值是决定旅游项目国际市场地位和资源品牌的灵魂。另外，山地文化原生性、多样性，自然与人文景观的组合协调度以及开发利用程度也是衡量其综合景观价值的基础。

（2）经济社会要素

旅游发展的根本是带动地方经济的发展。高原旅游集镇是旅游发展的一级游客安全岛和集散中心。社区居民好客度和参与度、消费方式和经济基础以及相关政策性优惠（如藏区富民安康、牧民新居等政策）是“高山经济带”发展的催化剂。

（3）绿色服务设施要素

服务设施最大限度地体现出环保理念，在解决可进入性和可逗留性的同时，追求绿色环保和设施的景观效果。尽可能地选择现代环保、低能耗材料。山地旅游作为新的旅游形式，对旅游者、旅游从业者和旅游活动本身都提出了更高的环保要求。一方面，旅游群体应怀着对自然的敬畏之心，以对生态资源的欣赏和探索为目的出游；另一方面，山地旅游的需求多样性和认知群体多元性必然带来多样化的交通需求，需要构建灵活多样的服务设施、交通工具等。

（4）游客安全服务要素

游客安全服务设施是发展山地旅游的保障。服务设施要充分体现以人为本，在旅游城镇、旅游村落、旅游站点构筑立体化、层次化的游客安全岛，包括必要的安全急救、设备租赁、餐饮购物、咨询导航等功能。项目的选址应该做安全性评价和地质灾害评估。

（5）新产品新业态要素

有别于平原、丘陵地区，要充分发挥山地自然资源和原生态文化优势，打造山地旅游新业态全景产业链，如自驾车文化产业、民俗实景演艺、影视婚庆摄影、户外极限运动等，寻求全新的盈利空间和盈利模式，最大限度地带动山区经济的联动发展。

（6）顶峰体验要素

极高山顶峰体验是山地旅游项目的核心精华。相对高度带来无与伦比的壮美、形态、气韵、山势等感性层面，以人为本的景观化休息站、现代化观景工具和观景方式将山地旅游的真谛全方位演绎出来。

（三）乡村旅游：城乡统筹，提升品质

我国乡村旅游的发展为第一、第三产业的结合找到了一个重要的切入点，成为平衡城乡发展和缩小城乡差距的重要渠道。在全面推进乡村振兴的过程中，国家出的一系列政策、措施，为乡村旅游的全面发展提供了强有力的政策支持和广阔的历史舞台。目前，乡村旅游在发达国家已经成为重要的旅游方式，并且形成了新的创汇产业。一些发达国家的观光休闲农业、牧场和都市农业园，都由过去单一的观光型农业园，发展成了集观光、休闲、度假、教育和体验于一体的观光农业园、农业区、农业带，形成了多元化、多功能和多层次的规模经营格局，规模与效益也在同步增长。国外在发展乡村旅游时，注重政府对乡村旅游的支持，注重品牌化、特色化，强调随意休闲，注重乡村旅游与生态旅游的结合，注重乡村旅游的文化挖掘。

我国传统的乡村旅游已形成八种模式：①都市依托型（如北京门头沟、成都三圣花乡）；②景区依托型（如成都青城山镇）；③村镇依托型（如贵州天龙屯堡、郫都区友爱村）；④基地依托型（如四川新津“花舞人间”、新疆吐鲁番）；⑤老少边贫地区型（如六盘山旅游扶贫试验区）；⑥农业产业观光型（如台湾天福茗茶、都江堰红阳猕猴桃基地）；⑦近郊商务度假村型（如京郊乡村）；⑧休闲农庄型（如杭州特色休闲农庄）。

进入新发展阶段，乡村旅游产品不断呈现新形态和新模式，如主题休闲农园发展模式、乡村主题博物馆发展模式、主题文化村落发展模式、乡村俱乐部发展模式、现代商务度假与企业庄园模式、农业产业化与产业园区模式、区域乡村景观模式等，从主题定位、市场定位、产品定位和接待设施等方面不断提升乡村旅游的品质。

（四）自驾车旅游：高端时尚，专业个性

随着我国私家车保有量的迅速增长和高速公路网络的不断完善，自驾车旅游逐渐成为一种时尚。自驾车已经成为一种综合旅游业态形式，包括自驾车营地、汽车租赁公司、汽车旅馆、自驾俱乐部等一系列为自驾游服务的经营实体。

1. 自驾车专业旅行社

虽然自驾车旅游看似是一种自助式旅游，但实际上它在很多方面还需要旅行社的参与和协助。专业旅行社凭借其已形成的广泛的网络体系优势（与众多景点、酒店等联系紧密），突出在票务、餐饮、旅馆住宿等方面的预订能力和折扣优势，突出价格优势，帮助自驾车游客解决探线、买票、联络住宿等一系列烦琐问题。

2. 汽车租赁

在自驾车旅游风靡的欧洲，汽车租赁业与旅游业早已进行长期蜜月般的合作关系，欧洲租车公司专门经营欧洲各地区的汽车租赁业务，退车手续方便且费用合理，深受欧洲自驾车游客的喜爱。汽车租赁业的发展不但可以为国内众多“有本无车”的人提供自驾车旅游的便利条件，而且可以通过异地租车、异地还车促进长途自驾车旅游的进一步发展。

3. 汽车营地

汽车营地是指在交通发达、风景优美之地开设的、专门为自驾车爱好者提供自助或半自助服务的休闲度假区。主要服务包括住宿、露营、餐饮、娱乐、拓展、汽车保养与维护等，是满足现代人休闲时尚需求的旅游新产品。汽车营地选址方便，规模适中，投入不大，便于迅速推广。

4. 汽车休闲站

汽车休闲站是指与高速公路直接连接的、为自驾车一族提供途中补给和短期休闲服务的服务设施。休闲站附近风景宜人，值得停车欣赏。站内设有简便的车辆维护、用餐休息、闲聊观景的地方，使旅途变得轻松、惬意。它既可以依托现有的高速公路服务站，也可以另行建设。它将有效延伸和扩展现有高速公路服务站的服务内容，成为高速公路时代不可或缺的服务设施。

5. 新型加油站

加油站是自驾车旅游的生命补给线，自驾车旅游的火爆，必定导致旅游目的地沿途加油站的新一轮兴起和新的“变身”。早在20世纪70年代，美国“加油站”的名称被“汽车服务区”取代。名称的改变，实质上意味着新服务的出现。在汽

车服务区，汽车可以加各种油品，如汽油、柴油、润滑油等，也可以做保养维修，如打气、换轮胎、做汽车美容等。驾车者还可以买到所需的商品，如香烟、剃须刀、睡衣睡袋等，更可以小憩、喝咖啡、吃快餐、发邮件等。这些非油品业务的利润，占到加油站利润总额的 90% 以上。

6. 汽车旅馆

有关数据显示，西方国家 90% 以上的自驾车旅游者喜欢投宿汽车旅馆。汽车旅馆不仅分布在公路的沿线，更辐射到了大大小小的城镇和郊区，许多全国联营性的汽车旅馆还可免费代客向另一座城市的汽车旅馆预订房间。经过多年发展，汽车旅馆已经成为欧美人生活中的重要组成部分和外出旅游的上佳之选。

7. 旅游房车

房车旅游始于第一次世界大战后期，在 20 世纪 80 年代成为新兴的休闲方式，迅速风靡欧美国家。如今，外形豪华，内设齐全，配有卧室、电视、音响、冰箱、化妆台，甚至带卫生间的旅行房车已经越来越多地进入国人的视野。而房车旅行这项集旅行、住宿、烹饪、淋浴、工作于一体的出行方式，已成为国内高端人群休闲旅游的一部分，他们或举家开着房车到郊外露营，或驾驶着它穿梭于大漠、森林进行浪漫之旅。从房车车型来看，有最常见的皮卡房车，有拖挂式旅居房车，也有背托式房车、帐篷式房车等。目前，买房车的消费者主要是房车俱乐部、房地产公司、影视明星、企业大腕等。普通大众距离拥有自己的房车还是很遥远的，但是从房车旅游来说，现在俱乐部的租赁业务为游客提供了很多的便利。

（五）体育旅游：康体娱乐，高端时尚

所谓体育旅游，是指旅游者在旅游中所从事的各种体育娱乐、健身、竞技、探险和观赏体育比赛等活动与旅游地、旅游企业及社会之间关系的总和。体育旅游因其具有康体娱乐、高端时尚的特点已经成为各国用以推动本国旅游产业的重要战略手段之一。世界体育旅游业态大致可分为以下五大类。

1. 体育旅游节日赛事

像奥运会和世界杯这样的大型体育盛会不仅能够给举办国带来巨大的经济利益，而且有利于吸引更多的外国游客以及提升国家形象和知名度。

2. 体育旅游活动

体育旅游活动有游泳、滑冰、划船、垂钓、网球、高尔夫、漂流、滑雪、跳

伞、滑翔、自行车、骑马等体育运动。美国的世界著名旅游地迪士尼乐园建设了面积为 200 亩的综合体育公园，转变为体育旅游胜地。

3. 体育旅游魅力物

所谓体育旅游魅力物，是指以参观体育博物馆等体育历史文物和遗迹的旅游活动。

4. 体育旅游度假村

体育旅游度假村是指具备各种体育设施，能够进行各种体育体验的综合度假场所。比如，拥有滑雪场、高尔夫球场、食宿设施、娱乐设施等四季型设施的综合度假村。

5. 体育旅游巡游

体育旅游巡游是指在一定的期间里变换不同的场所进行观赏或进行像高尔夫、网球、垂钓等体育活动的旅游。

（六）会展旅游：政府搭台，多元经营

会展业包括会议业、展览业和奖励旅游业。随着城市经济的发展，会展旅游作为一种在空间上与大型城市经济体高度相关的旅游产业分支，其发展日益受到城市运营者的重视。

会展旅游是现代旅游服务业的重要业务内容，也是促进旅游业转型的关键产业板块。现代会展旅游已经超越机票、酒店预订等基本的单项旅行服务，包括提供规划会议方案、打理会务接待、安排会议活动等事宜，服务专业化和复杂程度日趋提升。而从消费特征和档次分析，会议是旅游的高端产品，与观光旅游者相比，会展旅游者具有消费能力强、重访率高、对配套设施要求较高、不受季节影响、停留时间较长等特征。为鼓励和引导会展旅游发展，政府要以大型国际展会、重要文化活动和体育赛事为平台，培育新的旅游消费热点，扶持旅行社等专业组织开展会展旅游市场化经营。旅游行政主管部门、行业协会要积极帮助企业搭建与国际会议及奖励旅游组织、机构的合作渠道，规范和加强在华国际会议管理等。

（七）邮轮旅游：专业、豪华

邮轮是一种以大型豪华游船为载体，以海上巡游为主要形式，以船上活动和岸上休闲旅游为主要内容的高端旅游活动。从旅游产业链角度来看，邮轮抵达之前、抵达、停靠、离开邮轮码头所引发的一系列产品与服务的交易，即通常所指

的邮轮旅游业，是一种介于运输业、观光与休闲业、旅行业之间的边缘产业。我国邮轮旅游市场巨大，港口条件良好，形成了“一线三点”邮轮母港布置格局，包括：北部以天津港或大连港为中心，以韩日和西伯利亚东海岸为主的航线；中部以上海港为代表，以韩日为主的航线；南部以广州为核心，以东南亚和南海为主的航线。

（八）文化创意旅游：文化 + 创意 + 旅游

世界旅游组织在《2020 年旅游业展望》中提出，文化主题旅游将成为旅游发展的重要方向，发展文化旅游创意产业，带动产业结构升级和区域块状经济发展，转变经济发展方式，构建“旅游创意化，创意产业化”发展格局，将成为一个国家或城市经济社会发展的战略取向，成为区域软实力竞争的核心内容。旅游最核心的东西是“创意”，我国的旅游业正在逐步转型，文化与旅游结合的需求越来越明显。文化旅游创意产业是指为了满足旅游者对精神方面的需求而策划设计的文化活动内容，并形成旅游者可以体验参与的活动以及为此而必备的制度安排和设施条件。创意主要释放在文化活动的内容、形式和设施上。从旅游业宏观角度来看，重点在于旅游文化产业的发展与谋划，包括原有产业的稳定发展和深度发展，以及新型创意产业的培育。具体而言，旅游创意主要包括旅游产品创意（提升文化品位）、旅游活动创意（增加深度体验）、旅游商品创意（加强设计水平）和旅游服务创意（更加人性化）等方面。

（九）医疗旅游：健康、时尚

医疗旅游是指旅游者可以根据自己的病情、医生的建议，选择合适的游览区，在旅游的同时享受健康管家服务，进行有效的健康管理，达到身心健康的目的。医疗旅行的起源，最早始于欧洲王室，他们到环境清幽的地方泡温泉，寻求身心的放松，以达到疗养身体的目的。医疗旅游与我们现在的旅游产品从本质上既有区别又有联系。大多数人希望从旅途中获得身心的放松，这实际上也是对健康的追求。而如今，国内产生的医疗旅游行业，更具针对性地解决游客身体存在的健康困扰。日本开放了“医疗签证”，以吸引更多外国人赴日体检。新加坡精密的医疗服务被世界卫生组织列为亚洲拥有最佳医疗系统国家。韩国医疗旅游协会表示，尝试将医疗旅游集中在整形美容上。马来西亚推动医疗旅游的最大优势是其医疗费用十分低廉。除了亚洲，欧洲旅游目的地也纷纷以“健康旅游”作为未来旅游业的发展重点，它们针对中国游客推出的项目以美容和疗养为主，比如针对白领等推出体检医疗旅游产品。

此外，中医把脉、推拿、水疗、高尔夫、养生操、登山、海水浴、日光浴、沙浴、泥疗、矿泉浴等也是目前发展潜力较大的医疗项目。面对庞大的市场需求，旅行社和国内的医疗机构应该联合推出适合中国国情的医疗旅游套餐，在相关行业政策的管理下，将现有资源有机融合，促进、带动相关服务业发展，形成新的服务产业模式，推动经济进一步发展。医疗机构也要注重提升自身的配套服务能力，在语言、保险、报销和生活服务等方面，都要符合国际患者的习惯。

第五章　旅游经济效益及产业经济绩效的影响因素

第一节　旅游经济效益概述

一、旅游经济效益概述

（一）旅游经济效益的比较和类型

1. 旅游经济效益的含义

经济效益一般是指在社会经济活动中，投入与产出之间的数量对比关系。投入是指为保障经济活动的顺利进行，而对物化劳动和活劳动的耗费和占用，即生产要素的费用，如资金、生产资料、劳动力、管理等。产出是指将投入运用到生产经营中所获得的有效成果，即以货币表示的和不以货币表示的经济收益，如收入、利润、税费、就业、经济结构优化等。一般来说，投入的要素越少，产出能满足社会需求，经济效益越好；反之，经济效益则越差。

旅游经济效益是指在旅游经济活动中投入与产出之间的数量对比关系。旅游经济活动不仅涉及旅游行业各部门，还会随着旅游经济活动主体的行为变化与国民经济各部门间保持密切的联系，它是一种包含经济、社会、文化、政治等多种因素的活动。这里的投入是指旅游经济活动中物化劳动和活劳动的耗费和占用，即生产要素的费用，如资金、生产资料、劳动力、管理等。产出是指投入获得的旅游经济活动的有效成果，即以货币表示的和不以货币表示的经济收益，如旅游收入、旅游外汇收入、利润、税费、旅游人次、就业、经济结构优化。因此，旅游经济效益与产出成正比，与投入成反比。下面的公式可以反映这一关系：

$$旅游经济效益 = \frac{旅游经济活动中的产出}{旅游经济活动中的投入}$$

2. 旅游经济效益的比较

一般情况下，在收益一定时，费用小，经济效益就好；或者在费用一定时，收益大，经济效益就好。

第一，整体比较与局部比较。整体比较是指全部要素的投入与全部产出之比，如利润与全部成本之比；局部比较是指个别要素的投入与全部产出之比，或全部要素的投入与个别产出之比，如利润与劳动力成本之比、旅游人次与员工人数之比。不管是微观经济效益还是宏观经济效益，均可进行整体比较和局部比较。

第二，绝对比较和相对比较。绝对比较是指旅游收益与投入费用之间的差额，如利润的绝对额；相对比较是指将旅游收益与投入费用之间的差额除以投入费用，如利润与费用之间的比率，以此来比较经济效益的大小。公式如下。

$$绝对比较 = 旅游收益 - 投入费用$$

$$相对比较 = \frac{旅游收益 - 投入费用}{投入费用}$$

第三，短期比较和长期比较。短期比较是指短期费用与短期收益的比较，长期比较是指长期费用与长期收益的比较。短期比较在于说明经济投入行为的当前效果，长期比较是经济投入行为带来的长期影响。任何经济活动都不能把目光仅定位在短期效益上，更要有战略眼光，注重长期效益，把两者结合起来，这样才能实现旅游业可持续发展的内在要求。

3. 旅游经济效益的类型

第一，旅游直接经济效益和间接经济效益。根据旅游经济活动中生产要素投入与产出之间联系的密切程度来看，旅游经济效益可以划分为直接经济效益和间接经济效益。旅游直接经济效益是指旅游业或旅游企业的自身投入与自身产出的比较。这是发展旅游业所追求的重要目标，也是考核旅游产业的主要指标。旅游间接经济效益是指旅游业或旅游企业的自身投入与其为国民经济其他部门带来的产出的比较。由于旅游业本身的行业关联性极强，因此在评价旅游经济效益时，不仅要评价旅游直接经济效益，同时也应该评价旅游间接经济效益，这样才能实现对旅游经济效益的全面考核。

第二，旅游经济的正效益和负效益。从旅游经济活动所取得的有效成果来看，旅游经济效益可以划分为旅游经济的正效益和负效益。旅游经济的正效益与负效益有两层含义：其一，旅游的产出大于投入称为旅游经济的正效益；旅游的产出小于投入称为旅游经济的负效益。其二，经济活动中与人类社会的最终目的相一致的效果称为正效益，与其相反的则称为负效益。人类历史的发展让我们认识到，为获取人类生存和发展，罔顾生态平衡和环境污染等社会问题，最后人类不得不投入更多的人力和物力去恢复被破坏的家园。

第三，旅游短期经济效益和长期经济效益。从旅游经济效益所取得的时间上，可以将旅游经济效益分为旅游短期经济效益和旅游长期经济效益。旅游经济效益如果不引入时间概念，可能会得出错误的结论。有些经济活动，从短期来看是有效益的，但从长期来看是没有效益的，甚至是负效益。片面追求短期经济效益很容易造成对旅游资源的掠夺式开发，因此要正确处理二者的关系。一方面，忽视旅游短期经济效益，将会导致旅游企业因失去发展的基础而无法生存；另一方面，只注重眼前的利益，无视资源的有效使用和环境保护的问题，也必然导致旅游企业失去未来生存发展的基本条件而缩短其经营周期。因此在旅游经济效益的分析过程中，应当将旅游短期经济效益和长期经济效益结合起来，运用生态学和经济学的原理，把社会、自然界的平衡发展与旅游企业自身的经济效益三个方面问题综合考虑，确保三方实现可持续发展。

第四，旅游微观经济效益和宏观经济效益。从旅游经济效益分析的对象层面看，可以划分为旅游微观经济效益和旅游宏观经济效益。前者是指旅游企业自身的经济效益，后者是整个社会对旅游的投入与旅游业及全社会产出的比较。投入不仅包括旅游企业自身的投入，还包括政府、其他部门对旅游业的投入，如城市基本建设、旅游基础设施、环境整治、市场监管、市场促销；产出不仅包括旅游企业的产出，还包括旅游业对国民经济的带动效应。旅游微观经济效益和旅游宏观经济效益之间是相互制约、相互影响的，体现着局部和全局的辩证关系。旅游微观经济效益是旅游宏观经济效益的基础，旅游宏观经济效益以旅游微观经济效益为前提和条件。当两者发生矛盾时，旅游微观经济效益必须服从旅游宏观经济效益。

（二）旅游经济效益的影响因素

1.影响旅游经济效益的直接因素

第一，旅游者数量及构成。旅游者数量的增加，一方面会带来更多的旅游收入（产出增加）；另一方面会使成本尤其是固定成本相对减少（投入减少），因此会提高经济效益。旅游者的构成不一样，消费和支出水平也就不一样，因而旅游经济效益也会不同高低。

第二，旅游物质技术基础及其利用率。旅游活动的顺利开展在很大程度上取决于各项物质技术的广泛应用和实施。先进的物质技术基础，一方面可以吸引更多的旅游者，旅游收入随之提高；另一方面可以提高服务效率，降低单位产品的劳动耗费，旅游经济效益就会提高。因此，旅游业应在加强旅游基础设施建设的同时，尽可能配备现代化程度较高的设备，以提高劳动效率，减少劳动消耗，增加经济效益。

第三，旅游活动的组织和安排。旅游活动中旅游者对食、住、行、游、购、娱等多方面的需求是相互联系、相互影响的。因此，在旅游活动中能否合理制定游览行程表，能否有效提供高质量的旅游服务，能否有效组织和安排旅游者的旅游活动，都直接影响着旅游的经济效益。因此，旅游活动的组织和安排，应当做到有的放矢，灵活多样，这样才能迎合旅游需求者多样化的要求，并能适应纷繁多变的市场，最终实现旅游经济效益的提高。

第四，旅游产业的管理水平。旅游经济效益的变化与劳动生产率的高低联系密切，劳动生产率的提高离不开科学的管理。这里的管理从管理者的角度可以区分为微观管理和宏观管理。前者是指旅游企业管理，即旅游企业内部的产、供、销、人、财、物管理。在众多管理因素中，劳动者的管理是最关键的，也决定了企业的劳动生产率能否真正实现提高，因此要加大对劳动者的培训，充分调动其劳动积极性，提高劳动生产率。后者是指旅游行业管理，即旅游行业管理体制和行业的分工与协调。其中，最重要的是行业管理体制。一个国家的旅游管理体制对本国的旅游经济效益有比较大的影响，体制不完善必然出现推诿、扯皮、管理效率低下。我国当前旅游管理体制有诸多不足之处，具体表现在权责不明、政出多门、法规不健全等方面。因此有必要通过建立科学高效的旅游经济管理体制来推进旅游产业内各部门经营活动的正常进行，也为旅游业在经营过程中实现最佳的旅游经济效益提供坚实的体制保证。

2. 影响旅游经济效益的间接因素

旅游产业是一个综合复杂的系统，因此旅游经济效益除了受直接因素的影响外，也会受到社会文化、环境等多方面因素的间接影响。一个社会的政治法律制度、社会风气、人际关系、文化历史、风俗习惯、自然环境等对旅游经济效益都会带来一定的影响作用。

（三）旅游经济效益与社会文化效益、环境效益的统一

旅游经济效益，只是从经济角度来考察旅游效益。如果从社会文化角度、环境角度来考察旅游效益，又可以形成社会文化效益、环境效益。

旅游社会文化效益是指随着旅游经济活动的开展，对旅游目的地的社会文明、文化传承、价值体系、生活质量和人口素质等方面带来的一种效果。旅游环境效益是指由于旅游经济活动的开展，对旅游目的地环境所带来的正负两方面的效果。

旅游经济效益应与社会文化效益、环境效益统一。经济效益虽然很重要，但不能只讲经济效益，不讲其他效益，应当在经济、社会文化、环境的统一中去追求旅游经济效益。追求旅游经济效益可能带来旅游收入的增加、旅游人次的增多，但它不能以破坏社会文化、牺牲环境为代价。如果旅游经济效益的提高是建立在社会价值体系的倒退、民族文化的消失、生态环境的污染基础之上的，则这样的经济效益也是不可取的。

二、旅游微观经济效益

（一）旅游企业成本和利润

1. 旅游企业成本的含义

旅游企业成本是指旅游企业在经营管理过程中发生的各种支出和耗费。旅游企业的成本按照不同的标准，可以分为不同的构成。

2. 旅游企业成本的构成

（1）企业费用的经济用途划分

从企业费用的经济用途划分，旅游企业的成本由营业成本、营业费用、管理费用和财务费用四大类构成。

营业成本。营业成本是指旅游企业在经营中能直接计入旅游产品中去的各项费用。如饭店、餐馆食品中的原材料、调料、配料等，客房使用的一次性用品等；旅行社计入营业收入的住宿费、交通费、陪同费、行李托运费、签证费、门票费等代收、代付费。

营业费用。营业费用是指旅游企业在经营活动中发生的但不能直接计入产品成本、需要分摊的各项经营性支出。如员工工资福利、折旧费、燃料费、公用消

耗品、水电费、广告费、运输费等。

管理费用。管理费用是指旅游企业在管理中发生的费用。如行政管理人员工资福利、办公费、差旅费、工会活动费、职工教育费、劳动保险费、失业保险费、董事会费用等。

财务费用。财务费用是指旅游企业在筹集和使用资金过程中所发生的各类费用。具体包括利息支出、汇兑损失、金融机构手续费等。利息本质上属于利润的一部分。但企业在计算成本时，通常也将利息看成使用资金的成本，列入成本支出范畴。

（2）企业成本与产量的关系划分

从企业成本与产量的关系划分，旅游企业成本由固定成本和变动成本构成。

固定成本。固定成本是指在一定产量范围内，不随产量的增减而变化的成本。具体包括固定资产折旧、修理、租赁费、行政办公费、管理人员工资等。固定成本也称为不变成本。

变动成本。变动成本是指随着业务量的增减变化而发生相应变化的成本。具体包括原材料消耗、生产用的水电费用、燃料、低值易耗品、员工的工资以及为旅游者提供服务的相关费用等。变动成本也称为可变成本。①

对旅游企业成本构成的分析，其意义在于帮助企业认识不同性质的产品成本构成，制定出正确的成本控制策略和体系，以达到提高企业经济效益的目的。

3. 旅游企业利润的含义

旅游企业利润是指旅游企业在一定时期经营过程中各项收入和各项支出相抵后的余额，包括营业利润、投资净收益和营业外收支净额。而旅游产品的价格、产品的单位变动成本、产品的固定成本和产品销售量都将引起旅游企业利润的变化。

4. 旅游企业的利润构成

（1）营业利润

营业利润是指旅游企业生产销售旅游产品获得的收入扣除各种耗费后的余额。用公式表示为：

营业利润 = 营业收入 －（营业成本 + 营业费用 + 管理费用 + 财务费用）

营业利润又可以分为税前利润和税后利润。

① 黄国良，梁盛，李晓川．旅游经济学基础 [M]. 北京：中国旅游出版社，2011.

（2）营业外收支净额

营业外收支净额是指旅游企业营业外收入扣除营业外支出的余额。营业外收入指与营业无关的收入，如固定资产的盘盈或变卖的净收益，无法支出的应付款等；营业外支出指固定资产的盘损或变卖的净损失、赔偿金、违约金、罚息、捐赠等。用公式表示为：

$$营业外收支净额 = 营业外收入 - 营业外支出$$

（3）投资净收益

投资净收益是指旅游企业对外投资收益扣除投资损失的余额。投资收益是指获得的利息、股息、本金增值额；投资损失指本金减值额。用公式表示为：

$$投资净收益 = 投资收益 - 投资损失$$

通过对企业利润的分析，可以使企业掌握利润的不同种类和影响利润的各种因素，以便进行正确的利润（经营）决策，从而达到提高企业经济效益的目的。

（二）旅游企业经济效益的评价指标

1. 营利性评价指标

旅游企业通常需要借助营利性指标来评价自身的获利能力。营利性评价指标主要有资金利润率、销售利润率、成本利润率。三项指标从不同的侧面反映企业的经营获利能力。

（1）资金利润率

资金利润率是指一定时期旅游企业的利润与固定资金和流动资金的比例，说明了企业资金占用的效益状况；固定资金是指企业经营中的固定资产占用资金。流动资金指企业经营中的周转资金，包括现金、应收账款、预付款和易变现的存货（如材料、在制品、成品等）、有价证券等。用公式表示为：

$$资金利润率 = \frac{利润}{固定资产额 + 流动资金额} \times 100\%$$

（2）销售利润率

销售利润率是指旅游企业在一定时期内利润与销售总额之间的比例。说明了企业经营规模的效益水平。用公式表示为：

$$销售利润率 = \frac{利润}{销售总额} \times 100\%$$

（3）成本利润率

成本利润率是指旅游企业在一定时期内利润与经营成本之间的比例。说明了企业劳动耗费的效益状况。用公式表示为：

$$成本利润率=\frac{利润}{经营成本额}\times 100\%$$

2. 人均产出性评价指标

人均产出性评价指标反映劳动力要素的产出能力，是旅游企业劳动生产率高低的集中体现。主要指标有人均接待量、人均产值、人均收汇额、人均利税。

（1）人均接待量

人均接待量是指一定时期旅游企业旅游接待量与企业员工数量的比例。用公式表示为：

$$人均接待量=\frac{旅游接待量}{企业员工数}$$

（2）人均产值

人均产值是指一定时期旅游企业营业收入（或增加值）与企业员工数的比例。用公式表示为：

$$人均产值=\frac{营业收入（或增加值）}{企业员工数}$$

（3）人均收汇额

人均收汇额是指一定时期旅游企业外汇净收入与企业员工数的比例。用公式表示为：

$$人均收汇额=\frac{旅游外汇净收入}{企业员工数}$$

（4）人均利税

人均利税是指一定时期旅游企业税后利润与税金之和与企业员工数的比例。用公式表示为：

$$人均利税=\frac{税后利润+税金}{企业员工数}$$

3. 消耗性评价指标

消耗性评价指标是从生产要素消耗的角度来评价企业经济效益的指标。在产出一定的情况下，消耗水平越低，说明经济效益越好。主要有单位产品的原材料消耗、单位产品的能耗、单位产品的工资费用支出、单位产品的管理费用支出等。

4. 设施利用性评价指标

设施利用性评价指标是从旅游设施接待能力、利用水平来评价旅游经济效益的指标，主要有客房出租率、车船使用率等；客房出租率是指一定时期旅游企业客房的实际出租数与客房拥有数的比例，其合理范围在 0.6 ~ 0.9；车船使用率是指一定时期旅游车船实际载客量与载客能力的比例。

5. 投资效果评价指标

投资效果评价指标是从投资角度来评价企业经济效益的指标。衡量项目投资效益好坏的指标主要有投资收益率、投资回收期、资金的时间价值和净现值。

（1）投资收益率

投资收益率是指一定时期内旅游投资项目所获得的利润额与投资总额的比值，反映了项目投资的盈利水平。用公式表示为：

$$\text{投资收益率}=\frac{\text{投资所获利润总额}}{\text{投资总额}}\times 100\%$$

上式的计算结果与当地旅游企业的平均投资收益率对比，若大于或等于当地旅游企业的平均投资收益率，则说明该投资项目的经济效益是好的。

（2）投资回收期

投资回收期是指旅游投资总额全部收回的时间，即投资总额与年均利润额之比。

$$\text{投资回收期}=\frac{\text{投资总额}}{\text{投资获得的年均利润额}}\times 100\%$$

该指标小于或等于投资者期望的回收期时，则该投资项目经济效益是好的。

（3）资金的时间价值和净现值

投资收益率和投资回收期既可以从静态来分析，也可以从动态来分析，动态分析就是考虑了货币资金的时间价值。所谓货币资金的时间价值，是指资金在使用及其循环周转过程中，随着时间的推移而增值。在利用项目贷款的情况下，银行会把货币资金的时间价值作为还本付息的依据。因此用动态评价能更好地反映资金使用的效益和成本。

净现值是一项投资所产生的未来净现金流量的折现值与项目初始投资额之间的差值；净现金流量是投资所产生的未来现金收入扣除现金支出的余额。净现值用公式表示为：

$$NPV = \sum_{t=1}^{n} \frac{C_t}{(1+r)t} - C_0$$

式中，NPV 为净现值；C_0 为初始投资额；C_t 为 t 年净现金流量；r 为折现率；n 为投资项目的寿命周期。

净现值是评价投资效益的一种指标。该指标利用净现金流量的折现值与初始投资额进行比较，然后根据净现值的大小来评价投资效益。根据对投资效益不同的评价角度，折现率可以取银行的同期利率，也可以取期望收益率或标准收益率。如果是银行的同期利率，则 NPV 等于 0，意味着投资刚够还本付息；NPV 大于 0，意味着投资有净收益；NPV 小于 0，意味着还不够还本付息。如果是期望收益率或标准收益率，则 NPV 等于 0，投资方案是可以接受的；NPV 小于 0，从理论上来讲，投资效益不理想。当然净现值越大，投资效益就越好。

三、旅游宏观经济效益

（一）旅游宏观成本

1. 旅游宏观成本的含义

旅游宏观成本是指一个国家或地区为开展旅游活动而发生的社会总成本。除旅游企业在旅游经营管理过程中所发生的成本外，还包括国民经济相关部门发生的与旅游相关的成本、政府为开展旅游活动而发生的成本。

2. 旅游宏观成本的分类

（1）从成本发生的形态来划分，可以分为宏观有形成本和宏观无形成本

旅游宏观有形成本是指全社会为开展旅游活动而支出的、能以货币进行计算和衡量的成本。主要包括为发展旅游业而修建的道路、机场、水电、排污、码头等基础设施的投入；国家、地方、集体、个人等对旅游景点、接待设施等方面的投入；用于旅游方面的市场调研、宣传促销、考察交流、科学研究以及对旅游行业的管理等方面的支出等，旅游企业日常经营的支出。

旅游宏观无形成本是指旅游活动对社会的经济、文化、环境产生的负面影响，难以用货币计算和衡量的成本。如旅游活动造成的环境污染；旅游活动对传统文化、文物古迹等造成的破坏等。虽然旅游业素有“无烟工业”和“绿色产业”的美誉，但是它对旅游目的地地方文化、产业结构、社会经济及社会生活带来的消

极影响也是不容忽视的。为解决上述问题就需要投入大量的资金，因此无形成本最终还是要转化为有形成本。社会为消除旅游活动对社会的经济、文化、环境产生的破坏，在未来将投入更多的费用进行补偿。

（2）从成本是否得到补偿来看，可以分为旅游经营成本和旅游附加成本

旅游经营成本是指由旅游相关企业投入并通过为旅游者提供服务而得到补偿的成本。如旅游企业投入的住宿、餐饮、交通设施；旅游企业购买的办公用品、原材料、燃料；旅游企业员工的工资福利等。这些成本通常计入旅游产品的价格，并在产品出售后得以补偿。

旅游附加成本是指由政府投入、由旅游或游客造成但转嫁他人和社会的成本。一般来说，附加成本并不计入旅游产品的价格中，并非需要游客进行补偿。旅游宏观成本中，有相当一部分成本属于附加成本。这些成本一般由政府的财政负担，如公共基础设施、自然与文化旅游资源保护、环境整治、市场监管、产品促销、城市建设支出、社会治安等。而政府的财政支出来自国民的税负收入，每一项附加成本都有对应的财政成本。

（二）旅游宏观经济收益

1. 旅游宏观经济收益的含义

旅游宏观经济收益是指一个国家或地区开展旅游活动给社会带来的总的经济产出，包括旅游业自身的经济产出、旅游业给其他部门带来的产出，旅游业对国民经济就业、经济结构改善等方面的贡献。

2. 旅游宏观经济收益的构成

旅游宏观经济收益由旅游宏观有形经济收益和旅游无形经济收益组成。

旅游宏观有形经济收益是指社会开展旅游活动而产生的各项直接收入，如旅游总收入、旅游外汇收入、国民经济其他部门因旅游活动而增加的收入、旅游实现的财政收入等。

旅游宏观无形经济收益是指旅游活动给国民经济带来的、无法用货币计算和衡量的收益，如经济结构得到改善、就业增加等。

（三）旅游宏观经济效益的评价

评价旅游微观经济效益的指标通常也适用于评价宏观经济效益，如利润率指标、人均产出性指标、消耗性指标等。不同的是两者评价的对象不一样，前者是

以单个企业为评价对象，后者是以整个社会的旅游经济为对象；两者评价的侧重点不一样，前者评价的重点是效率的高低，后者评价的重点不仅是效率，同时也要评价经济公平、国民福利水平以及经济的可持续发展，如经济结构的改善指标、就业率提高指标等。评价旅游宏观经济效益在技术和手段上也带有自己明显的一些特征。

1. 评价旅游宏观经济效益的特殊性

（1）货币量化上的特殊性

评价旅游微观经济效益的指标，一般均可货币量化，容易进行对比和分析。而旅游宏观经济效益的评价是一个复杂的系统，有许多收益无法或很难货币量化，如经济结构的改善、经济的公平、经济的可持续发展等。因此，评价宏观经济效益除了需要借助一定的经济手段外，还需要借助社会的手段、文化的手段、生态的手段等。

（2）成本和收益统计上的特殊性

由于旅游微观经济效益的评价对象是一个企业，因此在统计该旅游企业的成本支出和收益大小时相对比较简便，但旅游宏观经济效益评价对象是一个国家和地区的旅游经济系统，系统内部与外部存在着错综复杂的联系，因此在统计宏观旅游成本和收益时比较复杂。在旅游宏观成本中，有相当一部分是政府的财政支出。能不能把这些财政支出都计为旅游宏观成本？显然是不能的。如政府投资1000万元建了一条公路，不能把这1000万元都计为旅游宏观成本，因为公路不只是为游客服务的，这时候要按一定标准进行分摊，以区分公路的总投资中有多大的比例属于旅游宏观成本。在分摊财政成本中的旅游宏观成本时，首先需确定因旅游而产生的财政成本不同类别的分摊变量；然后用变量乘不同类别财政成本的支出额，得出在该类财政成本支出中旅游宏观成本数额。同样，在统计旅游宏观收益时也要区分哪些是游客带来的，哪些是非游客带来的。因为旅游宏观收益不是来自国民经济的某一个部门，而是来自国民经济的许多部门，如交通、住宿、饮食、电信、社会零售等。在这些部门的收入中，并非都由旅游者消费而产生的收入，因此需按照一定的剥离系数进行剥离。所谓剥离系数，是指为旅游者提供服务的相关行业在它们的产出中旅游者消费部分所占的比重。剥离系数不是一个固定值，不同的旅游目的地国家或地区、同一旅游目的地国家或地区在不同的年份，剥离系数可能是不一样的。

2. 旅游宏观经济效益评价的主要指标

（1）旅游劳动生产率

旅游劳动生产率是指在一定时期内，旅游目的地国家或地区旅游总接待人次或旅游总收入与旅游从业人员数的比值。用公式表示为：

$$旅游劳动生产率=\frac{旅游总接待人次或旅游总收入}{旅游从业人员数}\times 100\%$$

旅游劳动生产率用来反映一个国家或地区旅游从业人员的劳动产出能力，该指标可以比较不同国家或地区（横向比较）、同一国家或地区的不同年份（纵向比较）旅游的生产能力，用以说明旅游业的经济效益状况。

（2）外汇收入能力

外汇收入能力是指在一定时期内，旅游目的地国家或地区的旅游外汇收支净额与规定时期的旅游投资成本的比值。投资成本指的是用本国货币表示的成本。用公式表示为：

$$外汇收入能力=\frac{一定时期外汇收入-同期外汇支出}{规定时期的投资成本}\times 100\%$$

旅游外汇收入能力，表明了在国际旅游活动中旅游目的地国家或地区旅游投资项目对境外游客的吸引力。

（3）就业机会

就业机会是指在一定时期内，旅游目的地国家或地区旅游就业人数增长量与旅游经济增长量的比值。用公式表示为：

$$就业机会=\frac{旅游就业人数增长量}{旅游经济增长量}\times 100\%$$

就业人数既可以是直接就业，也可以是间接就业，或者是二者的加总。

由于旅游产业是劳动密集型产业，对劳动力的吸纳力极强，旅游从业人数的变化，不仅反映了旅游业自身的发展情况，还反映了旅游业对国民经济发展的贡献。

（4）经济结构调整

经济结构调整通常通过系列指标反映，如旅游对国民经济的贡献率、旅游增加值占 GDP 的比重、旅游增加值占第三产业的增加值比重等。

第二节　旅游产业经济绩效影响因素

一、产业经济绩效影响

（一）基础环境状况

所谓旅游产业发展运行环境，是指影响旅游经济运行的各种因素的总和，由旅游经济运行的间接环境和旅游经济运行的直接环境共同构成。其中，旅游经济运行的间接环境主要指政治经济环境、社会文化人口环境、科技环境、自然环境等。而旅游经济运行的直接环境是指与旅游企业市场经营活动直接发生关系的具体环境，是决定企业生存和发展的基本环境，主要由旅游企业自身、供应商、中间商、竞争者、顾客（消费者）、公众等要素构成。这里首先来看影响旅游产业发展及其经济绩效发挥的间接环境。

在间接环境中，一些基本设施如交通运输设施、区域金融服务设施、邮电通信设施、排污处理设施、环境卫生设施等，是旅游产业发展必不可少的辅助性旅游供给，其供给的主要服务对象不是旅游者，直接指向的是当地居民，即从影响角度来看，虽然基础设施条件不直接对游客提供服务，但在旅游经营过程中，是旅游部门和企业向旅游者提供服务时必不可少的物质保证，是旅游经历的重要构成要素。结合我国具体情况做相应分析，这里对交通基础设施的衡量，现通行做法有选择旅客周转数量、公路里程数、铁路营业里程数等，这些指标的选择并不存在一定范式，通常认为只要能刻画当地交通发展的实际水平，就是具有效度和信度的。

在间接环境中，自然环境对区域旅游产业经营绩效的影响也为人们所认识。大量研究认为，影响游客行为选择的自然环境主要包括一定区域内的水质、空气质量、噪声、地面整洁等因素。显然这些都属于一些区位条件。从学术角度来看，旅游经济学研究中的区位条件主要包括经济区位、地理区位、旅游区位三个方面，区位条件主要通过交通、位置、通信等综合作用来影响区域旅游竞争力。其中，地理环境具有经度地带性和纬度地带性的特点，处于不同地理位置的区域，其旅游资源禀赋也因其地理环境不同而形成了自身的特征，其旅游吸引力也不同；经济区位优越的区域常常会充分发挥其区位优势，全力发展区域经济，其经济的发展水平获得提高，提升区域旅游产业竞争力所需要的大量资金便有了可靠的来源。从基础设施投资角度来看，旅游的区位条件往往可以决定一个旅游区域的资源、规模、价格和前景，其空间竞争力为此亦受到影响。

（二）经济发展环境

在影响旅游产业发展及其经济绩效发挥的间接环境中，经济环境的重要性正变得越来越突出，经济规模、经济开放度和产业关联都是重要因素。

第一，经济规模。旅游市场容量的大小、其规模的增长速度以及市场饱和度通常被称为旅游需求规模。当旅游需求规模十分微小且在低水平徘徊时，竞争和创新意识对旅游企业的压力就相对较小，较少有竞争主体进入旅游市场，导致区域旅游产业竞争能力难以提高。只有当区域旅游需求规模达到一定程度后，才会刺激竞争主体的竞争积极性，主动参与竞争，提高自己的竞争能力。而具有超前性的旅游需求如果出现的话，则会刺激旅游企业创造新的竞争战略，对未来国际国内旅游市场的开拓拥有持续竞争优势。这就表明，传统的旅游经济区以该地为目的地的挑剔性市场一旦形成，地方旅游创新将会得到有力的促进，当地旅游产业在该地的发展和经济效益水平也将随之提升。在我国东部地区，国内外市场融合共生的竞争局面已经成为常态，国内市场国际化、国际竞争国内化是一种普遍的现象，像这种区域内、外两个市场同时对一个地区旅游产业的发展产生巨大影响的现象，极有可能成为一种趋势。当然，我国东部区域经济实力始终高于全国平均水平，游客的旅游需求结构复杂、规格不断攀高，所以总体上看，东部地区的旅游产业整体绩效要明显优于中西部地区。

第二，经济开放度。旅游业天然地具有对外开放属性，不论它所在的区域经济是开放还是封闭，也不论其所在国家或地区的产业属于新兴还是传统，只要旅游业发展，其对外开放就是必然的，旅游产业自身的特征决定了这种属性，并不以决策部门的意志为转移。实践中，各国（地区）旅游业的不断发展加剧了旅游市场的竞争激烈程度。放眼全球，世界上大多数国家和地区都在用各种方法和举措吸引海外游客，值得注意的是，发达国家的资本和技术限制相对于发展中国家而言，要宽松得多，由此来自国际旅游市场的竞争一旦传导到国内市场，对当地的旅游产业的冲击则不可避免。WTO 框架下，所有成员的旅游产业都不能规避世界性竞争的消极或积极影响，那些目标客源市场存在交叉重叠部分的国家和地区之间将存在更为激烈的竞争，这种竞争，将对原有旅游产业利益格局带来无法估计的冲击，不同区域经济绩效水平极有可能因此改写。但不得不承认，市场开放是社会化大生产发展的内在客观要求，商品生产和交换要求打破任何人为的或者制度的界限，国内、国际大市场交融格局的形成步伐不可阻挡，而资源的稀缺性和经济与技术融合共生的特征共同决定了市场开放的必然趋势。

第三，产业关联。从产业关联视角来看，旅游产业的链条长，与各种产业关联度大，其中就囊括餐饮、住宿、出行、购物等与其共享相关基础设施和产业链条的产业，不仅如此，甚至文化事业、通信、工业、金融保险、建筑、教育等都为旅游产业提供原材料或其他支撑，为旅游业提供有力支撑和信息流、技术流、资本流、人力资源流双向融通的产业，则可以使旅游业的供给能力得到加强。

按照竞争力提升的观点看，企业要想获得竞争优势，其自身的能力和战略规划是一个方面，同时还受制于供货商和相关行业。因为供货商提供上游品和中间品，所以具有竞争力的供货商显然可以带动下游行业提高企业自身的竞争力。相关行业依托相同的技术水平和供货中议价的能力，很方便地实现信息交流与合作，技术外溢也很可能成为一种预期之外的副产品，因此，我们认为产业关联作用下，旅游产业与其他相关产业之间能够表现出十分明显的交互影响和促进作用。

旅游企业在设计与重组产品或旅游服务的过程中，旅游企业向其他行业购买所需物资、产品和服务的行为必不可少，这就使得目的地旅游产业与其他行业之间产生购买支付和销售的纵向关联，各种销售渠道随之形成。纵观这些渠道，旅游产业位于该渠道链的下游，而其他与旅游产业相关的行业位于渠道的上游，如此便决定了旅游供给的产业关联特点。进一步具体地说，旅游供给的关联性一方面体现在旅游供给依赖于上游的相关企业。由诸多产业共同造就的销售渠道中，某个行业的滞后则很可能会导致旅游供给的不足，从而最终制约旅游产业的发展，相关旅游产品的产能扩大与质量提升也无从谈起。反之，旅游目的地旅游经济的发展，为相关的行业创造出更多市场需求，也有利于上游行业的发展。

21 世纪，人类进入了知识经济时代。相应地，信息技术的烙印也深深地烙在了旅游产业各部门中。比如，包括手机、互联网等在内的现代化的各种通信技术，缩短了旅游目的地与客源地之间的时空距离，两者之间的信息传递更加及时和有效。在信息开放的背景下，旅游目的地的信息变得更容易存取，提供旅游服务的旅游企业之间也有了进行业务整合的客观基础，企业的运作效率有望飞速提升。此外，商务性质的通信技术在旅游产业发展中有了用武之地，其发挥的作用日益凸显。一方面，旅游者的出游方案信息可以有更多样的选择空间，方案的搜寻成本持续降低；另一方面，旅游市场的趋势，客户的即时需求等信息，也能够借助信息系统及时反馈到旅游企业，从而有利于旅游企业及时根据掌握的信息设计开发有效的旅游产品，或者降低销售旅游产品的成本，以满足客户的需求。这方面最显著的例子是客房预订系统和票务预订系统，这两大系统的广泛应用，使旅游企业的工作效率和准确性得到了质的提升。可见，知识经济时代来临后，信息技术的广泛应用以及各种技术创新产品的出现，显著降低了旅游企业的经营成本，减少了冗长的人工操作环节，经营效率明显提高，旅游产业发展的可持续性更加有了保障。当然，反过来，旅游产业的不断发展也为信息技术的运用以及现代化的通信技术应用提供了广阔空间，为其科技成果转化提供平台。

（三）政策制度因素

就制度而言，其本身是一个很宽泛的概念。制度至少是在特定社会范围内统一的、调节人与人之间社会关系的一系列习惯、道德、法律，包括宪法和其他法律法规以及政府制定的条例等，它由社会认可的非正式约束、国家规定的正式约束和实施机制三个部分构成。制度既可以指具体的制度安排，即指某一种特定类型活动和关系的行为准则，也可以指一个社会中各种制度安排的总和，即“制度结构”。在经济发展过程中，制度的功能表现为降低交易成本，为经济活动提供服务，为实现合作创造条件，提供激励机制，促进外部效果内部化，抑制人的机会主义行为。

作为制度重要提供者，政府对社会经济发展的干预程度或者说对经济发展市场化制度水平的影响是值得注意的。就旅游产业发展来看，政府作用在于为一定区域内旅游产业发展创造一个具有竞争优势的宏观环境，具体来说，其作用应体现在政策支撑、资金引导和推动立法等领域。

第一，政策支持。在社会主义市场经济体系中，政策始终是影响旅游竞争力和旅游产业经济绩效最活跃的制度性因素和可控性因素，毫不夸张地说，积极的旅游经济刺激政策对提高旅游竞争力具有显著的影响。具体阐述如下：①直接相关的产业政策。政府在约束性文件中设定的旅游产业总体发展目标，旅游投资政策和旅游产业开放政策等具体规制，是发展旅游业的基本指导，也是实践中具有明显效果的政府文件。这就需要政府部门根据当地总体经济发展的目标和战略，对旅游产业政策和旅游产业发展规划作出科学的安排。②配套协调管理政策。旅游产业的发展，涉及司法部门、发展和改革部门、财政部门、工商部门、税收部门、金融部门、环保部门以及交通运输部门等。理顺多头管理体制，明确各个环节的分工协作，需要政府相关部门紧密配合，建立合适的磋商机制，共同研究制定促进区域旅游发展的积极政策。[①]

第二,资金引导。企业与产业的创新技术研发,离不开资金的投入。再好的竞争战略与规划如果缺乏资金支持也会落空。政府在发展地方旅游产业过程中，通过财政资金安排向旅游产业适当倾斜，使得旅游业发展所需的资金投入拥有一个良好的外部条件,这对引导全社会的资金动向有积极的意义资金和其他各个方面，政府都应为旅游业发展提供更多机会和融资平台，以良好的投资环境吸引、引导社会资金投入旅游业发展，财政资金和社会资金的合力才能有望使旅游产业发展的融资需求得到满足。

第三，立法支持。一个规范和健康的旅游市场，离不开旅游立法。这些法律法规是合理开发旅游资源、旅游产业获得良性发展的法治保障，更是规范旅游市场秩序、接轨 WTO 的客观需要。在我国立法层面，旅游业开始迈向迅速发展的步伐始于 1986 年国务院将旅游业纳入国民经济计划开始。从那段时间至今,国家制定了《旅游规划设计单位资质等级认定管理办法》《中国公民自费出国旅游管理暂行办法》《旅游景区质量等级评定管理办法》《导游人员管理条例》《中国公民出国旅游管理办法》《红色旅游发展规划纲要》《旅行社管理暂行条例》《大陆居民赴台湾地区旅游管理办法》《旅游行政许可办法》《在线旅游经营服务管理暂行规定》《文化和旅游市场信用规定》等多部法规。

可见，在我国各级政府的引导和大力推动下，从最初大力支持和发展入境旅游起步，过渡到国内游，紧接着再发展到现在的出境游，伴随着旅游业在国民经济中地位和作用的日益增强,旅游业已经被明确地定为“积极发展”的新兴产业，并且排名第一。很多省份更是将旅游业确定为本地区的支柱产业、龙头产业和先导产业，这反映了政府层面上对旅游业的推动和支持。尤其是在风景名胜区的规划、开发中，政府通常扮演开拓者、规范者和协调者三种角色，成为风景名胜区

① 林源源．区域旅游产业经济绩效及其影响因素研究 [M]. 南京：东南大学出版社，2013.

发展的重要保障因素。

（四）旅游产业发展

旅游产业发展因素，主要是指旅游产业能够控制的因素，包括旅游要素禀赋、旅游服务设施和旅游企业等方面。这些因素是构成区域旅游产业竞争力的核心资源与要素。就旅游要素禀赋来看，自然旅游资源和人文旅游资源（现实的或潜在的）作为吸引游客到区域旅游的驱动要素，对区域旅游产业经营绩效的作用已被多数学者认可。

依据产业组织理论分析框架，就旅游企业来看，旅游企业作为沟通游客与旅游目的地之间的桥梁，从其功能上讲是一个以旅游批发和代理为主营业务的实体，或者说旅游企业是以旅游批发商为主宰的产业组织体系。决定旅游企业产业组织体系的主导力量是旅游企业规模结构以及由此形成的核心竞争力。旅游企业的市场结构主要从旅游企业规模经济、进入退出障碍两个方面进行分析。这当中，规模经济可以分为两大类型，即生产性规模经济和经营性规模经济。生产性规模经济是企业通过生产能力的改变，逐步扩大产量规模而导致的单位成本下降的现象；经营性规模经济主要是指企业经营规模的扩大所导致的企业经营收益的增加。经营性规模经济可以从三个方面体现，即生产性投资扩大、销售和批发网络投资扩大、管理过程的投资扩大。

旅游企业规模经济既可以通过生产性规模经济实现，也可以通过经营性规模经济实现。通常生产性规模经济是指旅游企业经营规模扩大而导致单位成本下降，具体表现为接待规模的扩大或组团规模的扩大两个方面。经营性规模经济是旅游企业由于市场客源组织的空间扩散以及销售门市的网络化而带来的收益增加。旅游企业还可以通过管理过程的扩大投资来实现规模经济。就目前情况看，绝大多数旅游企业是通过针对自己的目标市场，扩大组团或接待数量来降低成本进而实现盈利。这些企业通过与旅游者旅游所必需的服务提供部门（如旅游交通部门、旅游住宿部门、旅游餐饮部门、旅游景区景点、旅游购物部门等）建立紧密的业务联系，获得在这些独立的服务企业的采购其旅游服务产品的数量折扣，从而获得采购价格优势，然后再组合成线路产品，销售给消费者，从而获得价差。因此，旅游企业的组团或接待能力越强，其获得的折扣价格越多，其服务产品的成本越低，企业的盈利能力越强。但旅游企业要想形成较强的接团和组团能力，除了在营销上要下功夫，还要增加终端的销售网点，即需要通过扩大销售和批发网络投资来实现规模经济。

就旅游企业进入与退出壁垒来看，旅游企业的进入和退出壁垒与市场集中度有关，如果进入市场壁垒越高，旅游企业的数量就越少，那么旅游企业的市场集中度也就越高，在市场容量相对稳定时，就容易产生市场垄断行为；反之，如果旅游企业进入壁垒越低，旅游企业数量将越多，市场集中度也就越低，在市场容量相对稳定时，市场竞争就越激烈。同理，如果退出壁垒高，则旅游企业市场集中度也就低。一般来说，旅游企业的进入壁垒由以下几个因素决定，如行政与法规、网络经济、产品差异化程度、营销费用、经营成本等。就我国实际情况来看，尽管旅游企业行业的行业利润率很低，但旅游企业数在过去 10 多年中仍然以年平均两位数的比例增长，说明旅游企业行业的进入壁垒很低。从 20 世纪 90 年代后半期开始，旅游企业经营已全面进入微利时代。大众旅游市场方兴未艾，行业门槛又偏低，它们进出市场快，缺乏长远的经营策略与品牌意识，以价格竞争为主要武器。在其推波助澜之下，市场逐步趋于“媚俗”，而一些已基本具备现代营销理念的大中型旅游企业，有些疲于应付。尤其是国内很多旅游企业经营的“技术含量”相对较低，旅游市场存在多、小、散的问题，恶性竞争不断。就旅游企业退出壁垒而言，严格来说指的是旅游企业市场经营环境恶化，企业经营业绩不佳，准备退出市场时所受到的障碍。决定旅游企业退出壁垒的几个因素是企业的沉没成本、企业的违约成本、行政法规和市场发育不完善等。从目前我国旅游企业发展情况来看，其退出壁垒主要是市场发育不完善。首先，旅游企业资产专用性弱，退出时企业沉没成本低；其次，旅游企业与顾客契约时期短且多为一次性购销合同，企业退出时违约成本较少。另外，从我国有关法律法规来看，对旅游企业退出没有严格限制。

就企业市场竞争行为来看，主要有三种情况，即价格竞争、非价格竞争、企业的组织调整。这三种情况构成三种类型的企业行为：①企业的定价行为；②企业的差异化竞争；③新产品研发及技术创新行为。

第一，就旅游企业定价行为来看。多数企业的定价是按照成本加成法来确定的。在价格的实际操作过程中，旅游企业往往会实行价格歧视行为，即采用数量折扣、消费时段折扣等二级价格歧视策略，有时也会采用对不同消费群体采用不同价格的三级价格歧视策略。其中，运用最多的是时间价格歧视和数量折扣的二级价格歧视策略。旅游企业会根据旅游的淡旺季，调整旅行产品的价格。通过实践价格歧视，旅游企业可以将旅游旺季或者需求高峰时间内的旅游消费者剩余转化为旅游企业超额利润；同时，也可以提高旅游接待设施的利用率，优化资源的配置和利用。

第二，就旅游企业的差异化竞争和新产品研发与技术创新行为来看。我国旅游企业处于分散竞争的市场结构，各企业在竞争过程中多采用价格竞争方式，很少有产品差异化的竞争策略，导致企业间的恶性竞争行为。旅游企业产品的价格与其边际成本几乎相当。由于旅游产品具有异地消费、边生产边消费等特征，在契约达成的过程中，信息严重不对称，各企业得以有机可乘。各大旅游企业为了吸引更多的游客，往往利用消费者的信息缺陷，打出低价吸引消费者，有些旅游企业甚至给出的价格低于成本价，然后在游客消费过程中通过降低服务标准或进店购物等方式从游客身上获得利益，造成产品质量低下，进而形成了目前我国旅游市场中消费者满意度差的情况。

第三，就旅游企业产品的创新来看。旅游企业的产品由于是服务组合型产品，一般为路线产品，产品可复制性强，且没有任何对线路产品具有保护性的法律法规，只要其中一个旅游企业开辟了一条受消费者喜好的路线产品，其他旅游企业就可以直接复制，一哄而上。这在一定程度上打击了旅游企业产品创新的积极性，即由于旅游企业的线路产品创新具有很强的正外部性，抑制了旅游企业的创新行为。

总之，在产业组织理论框架下来看，我国旅游产业发展由于行业进入壁垒低，竞争采取的方式比较单一，主要采用价格竞争，以及旅游企业产品的特殊性，从而在很大程度上抑制了旅游企业发展中的产品创新行为，导致创新缺乏。

二、社会经济绩效影响研究

就旅游产业发展对宏观经济绩效影响作用的体现来看，主要有两个方面：一方面是在旅游产业内部产生的直接经济效益。由于旅游投入的增加，使得各相关旅游企业经济规模的扩大和经济效益的提高，从而汇总成整个旅游产业的宏观经济效益。可以认为，其主要体现了旅游产业发展的经济规模效应。另一方面是在旅游产业发展过程中，其促进了间接为旅游业提供服务的其他相关企业销售产品、提供服务的增加，促使其获取一定的经济效益，提高了全社会宏观经济效益，这主要体现了旅游产业发展的结构调整效应。

（一）经济规模效应

旅游产业发展对旅游目的地社会经济绩效总量方面的影响主要通过以下几种方式或者途径得以实现，即直接产出效应、间接产出效应和诱导性产出效应。

第一，直接产出效应方面。旅游者从其生活和工作的常住地来到旅游地，是为了从旅游活动中获得最大限度的消费满足，必须按照某种市场价格向目的地旅游企业和有关部门购买相应数量的吃住用行以及娱乐等服务产品。为了回去馈赠亲友或者自己留作纪念，大部分旅游者会在旅游地购买旅游纪念品或者旅游商品，旅游者的这种购买行为就产生了旅游消费支出。这些旅游消费支出作为一种直接营业收入，属于那些直接向旅游者提供旅游产品、旅游商品和旅游服务的各种旅游企业和部门。因此，这部分旅游消费支出是旅游产业在旅游目的地的经济中产生的直接产出效应。

第二，间接产出效应方面。出于发展需要，旅游企业要将他们收入中的一部分用于向旅游目的地政府缴纳各种税金、采购物资和补充库存、支付员工工资、维修企业的设施和设备以及支付给其他相关部门的有关费用。这部分支出构成了旅游产业为旅游目的地经济带来的间接产出效应。

第三，诱导性产出效应方面。旅游目的地当地的居民有一部分在当地的旅游行政部门和旅游企业工作，旅游者如果在当地有消费行为，产生的旅游收入就增加了这部分居民的收入，而他们又用这部分收入中的一部分来进行再次消费，这又增加了当地其他相关部门和企业的收入，从而提高了旅游目的地的总体收入，旅游产业为旅游目的地经济带来的诱导性产出效应就是由这部分收入构成的。

（二）结构调整效应

就旅游产业发展对社会经济结构变化作用机理来看，其主要促进了社会经济结构向服务转型。随着现代社会经济发展，旅游产业本身越来越构成服务业的一个重要组成部分，如杭州定位城市发展的一个重要方向就是打造“东方休闲之都”品牌，目的是强化旅游产业在现代服务业中的龙头地位和带动作用；厦门也提出稳定旅游产业在国民经济中的支柱产业地位。旅游产业发展具有很强的波及和带动效应，其中虽然对工业化的发展也具有一定的影响，但更主要的还是带动了相关服务行业的发展。

可进入性是旅游产品内涵的构成非常重要的一点，可进入性决定了旅游者进入目的地的难易程度，也就是旅游者进入服务设施、游览景点、参与旅游活动所需要花费的费用和时间。地铁、高速公路、高速火车、远程大型客机等交通系统的现代交通工具、交通基础设施的完善，交通设施数量的增加和效率的提高，不仅大幅缩短了旅游者从居住地到旅游目的地的旅途距离，减少了花费在旅途中的时间，而且可以增加旅游者旅途中的舒适感、安全感和快捷、方便等感受。可以说，随着旅游产业自身的发展以及区域经济整体的发展，旅游需求和旅游供给不断扩大，在国民经济的所有部门中，都有可能包含旅游产业中的从业岗位。

旅游产业发展对经济结构影响的一个重要体现，就是促进了经济结构中就业结构的变化。旅游产业具有极高的就业增长潜力,这种潜力高于其他一般行业。旅游产业的发展，间接地提供了其他一些产业和部门的就业增量，例如饭店、航空公司、汽车租赁等提供旅游服务的部门；商场、食品供应、维修站等为旅游提供服务的企业；汽车制造、飞机制造、出入境服务等为旅游业提供支持的企业。这些部门和企业需要的就业岗位包含从普通员工和技术要求较低的操作人员，到高级管理人员和技术人员，岗位范围广、数量多，超过了绝大多数的其他行业，其中绝大多数都集中表现在服务行业就业。从这一影响机理的效果来看，至少有以下几个方面值得注意。

首先,是政府部门参与程度的影响。一个地区旅游业发展及其对服务业增长的影响,必然与其自身具备的优势是密切相关的,如经济产业发达的经济优势、勇于创新的观念优势、交通便捷的区位优势等。同时，还有一个重要的原因就是政府对旅游产业的重视。例如广东省极其重视旅游产业，将政府主导策略列为旅游产业发展的头等策略。西部地区拥有丰富的旅游资源，但是与东部地区相比，其旅游产业的发展水平及其对服务业发展的波及影响作用比较落后，政府职能部门管理不到位是其中的一个重要原因，在决策、市场管理等方面还存在一些问题。例如，用行政命令代替市场规律的计划经济模式的领导方式，导致了决策失误；对旅游经营活动中出现的违规行为缺乏有效的监控手段，导致了旅游市场形象的损害和市场资源的流失等。旅游产业兼具社会效益和经济效益，因此良好的法治环境和政策环境对旅游产业的发展尤为重要，这也需要政府的积极参与才能完成。

其次，旅游产业发展对服务经济增长的影响还与民营经济的发展程度有关。旅游产业的发展需要效率增长，既要有数量上的增长，又要有质量上的提高（如全员劳动生产率等的提高），市场才能解决效率问题。旅游产业的经济效率是由所有制经济形式的多样化决定的。近年来，随着国有经济战略性调整和旅游企业改革，民营经济发展逐渐渗入各个产业领域。但是民营经济进入接近 30 个产业领域的程度有所不同，特别是在大型制造业、科教文卫、基础设施、通信、金融保险、旅游等社会服务业以及国有产权交易领域，进入程度很低。我国的西部和东北部地区，旅游产业欠发达，在其经济结构中，国有经济比重相对东部地区要高，并且高于全国水平。因此，民营经济发展相对滞后，是影响旅游产业发展效率及其对社会经济结构调整影响作用的重要因素之一。

最后，旅游专业人才的稀缺程度也是一个重要因素。旅游专业人才的稀缺，在很大程度上限制了就业容量释放的数量大小和速度，也成为造成旅游产业社会经济结构调整作用差异的重要原因之一。

（三）其他方面影响

前文就旅游产业发展对社会经济绩效影响从总量效应和结构效应两个方面做了具体阐述，但严格来说，旅游产业发展对社会经济绩效的影响实际是很复杂的。

第一，生产要素持续不断向旅游企业集中。由于旅游产业显示了良好的发展势头，加之市场需求旺盛，市场容量有增无减，产品市场还有很大的发展空间，各生产要素在我国旅游业成长期内迅速向旅游企业集中。我国生产要素资源向旅游业流动的总体状况为：旅游产业组织仍继续保持增长势头；旅游从业人员队伍不断扩大；旅游教育也跟随旅游经济发展而迅速发展；旅游交通状况也大有改善，民航、铁路、高速公路、江河游船及城市出租车全面发展。

第二，发展旅游业可以起到增加目的地政府税收的作用。目前，旅游目的地政府的旅游税收主要来自旅游产业各营业部门和国际旅游者两个方面。旅游业营业部门的税收来自旅游企业的所得税，来自国际旅游者的税收主要有执照税、机场税、出入境时交付的商品海关税和入境签证费等。另外，由于旅游产业还涉及很多相关部门，并且带动相关经济部门的发展，所以这些相关部门因旅游产业的带动而扩大业务量所增加的生产和经营产生的税收，也是政府税收的一部分。

第三，旅游产业发展对社会经济绩效的影响作用具有明显的综合性特点。旅游产业发展促进城镇化发展可以说就是一个很好的体现。在我国，有一些城市通过旅游产业获得了更快发展，进一步提高了城市知名度。例如 1992 年，我国进一步扩大对外开放，促进我国旅游产业在充分开发丰富旅游资源的基础上，由观光型向观光度假型转变，加快了旅游产业发展的速度。国务院在条件成熟的地方，批准设立了 12 个国家级旅游度假区，如昆明滇池旅游度假区、三亚亚龙湾旅游度假区、大连金石滩旅游度假区、太湖旅游度假区、青岛石老人旅游度假区、北海银滩旅游度假区等，这些度假区的建立，加速了这些旅游城市的发展。以深圳、珠海和厦门为代表的旅游城市，更是依靠优越的地理位置和国家优惠的开发政策，逐步发展度假观光型旅游产品，并促进了所在区域经济的发展和城市品牌的建立，带动了更多资金流、客流和信息流，为城市创造了更好的人居环境，由此也达到了宣传区域投资环境的目的。

第六章　区域经济发展理论与旅游开发

旅游发展在不同地区产生不同的利益和成本。许多差异都是由于目的地的经济结构、旅游开发的体制框架及其地理位置等方面存在的差异造成的。旅游不仅能够缓解制约区域经济发展的外汇短缺，还能解决城市失业问题。本章内容包括区域经济系统认知、区域经济发展本质与动力、区域经济发展的理论基础、区域经济发展理念与发展战略变化、旅游开发对区域经济产生的影响。

第一节　区域经济系统认知

一、区域经济概述

区域经济通常是指某一特定经济区域内部的社会经济活动和社会经济关系或联系的总和。它是一种以某种经济活动或特定的经济极点（城市）为中心的具有宏观经济意义的地域性综合经济体系，是经济区域的实体性内容。在行政区划概念上，区域经济是以政府行政辖区的范围界定的一个经济圈，诸如县（市）域经济、市（地）域经济、省域经济等。在市场资源配置概念上，区域经济是以资源替换的作用范围界定的一个经济圈，如泛珠江三角洲经济区、泛长江三角洲经济区、环渤海湾经济区，乃至世界范围的亚太经济区、东欧经济区、西欧经济区等。上述两者之间的关系，可以概括为前者是后者形成的基础，后者是前者发展的导向。本章所讲的区域经济，即为行政区划概念上的区域经济。

区域经济是一个国家经济的空间系统，具有不同特性和水平的区域经济，在空间上相互依存和联系，构成了一个国家的国民经济整体，区域经济是国民经济的组成部分。当然，国民经济并不是区域经济或地方经济的简单累加，不能简单地以对某一区域的经济分析来取代对一个大国整体的经济分析。在我国的区域经济研究中，一直是在相对意义上使用“区域经济”概念的，它既可以是一省、数省的经济，又可以是包括很大一部分国土在内的条形地带经济。

通常情况下，由于限制资金、劳务、技术等要素和商品的流动以及国界的存在，每一个主权国家都可以构成一个经济区域。而经济区域有时是跨越国界的，典型的如欧盟这样的区域经济一体化组织。不过，作为区域经济学研究对象的经济区域，则只能是某个主权国家的组成部分。

二、区域经济系统的构成与功能解析

区域是一个系统，用系统科学理论和方法研究区域运动规律，探讨区域发展和可持续发展途径，是区域经济学最新的发展方向。

任何区域都是由自然环境系统和社会经济系统相互联系、相互制约形成的复合系统—自然—社会—经济系统。自然—社会—经济系统是一个庞大的开放系统，它是由人口、环境、资源、产业等许多子系统构成，有一定结构并能完成一定功能的整体，是一个在空间中存在、在时间中变化的动态系统。这种变化不仅受内外环境的制约，还受制于自身的相对稳定性和阶段性交替出现的规律。

（一）区域经济系统的构成

区域经济就是在不同类型区域内形成的经济系统，涵盖国民经济的各个部门，如农业、工业、交通运输、邮电通信、文化、教育、科技、卫生、城镇、金融、国家机关和人民团体等各个方面，在国民经济运行中有机地联系在一起，构成一个系统整体。在这个系统整体内有相互联系、相互作用、相互制约的关系。所有这些部门不是简单地机械堆积，而是一个有机联系的地域生产综合体和国民经济综合体。因此，区域经济是在一定自然条件（包括自然资源）和社会经济条件下建立起来的集多个经济部门于一体的经济系统整体。

经济区域不是一个抽象的概念，任何一个区域经济系统都是一个充满物质内容的经济实体和社会实体。任何区域经济实体都是由农业、工业、建筑业、交通运输业、商贸业等组合而成的地域单元。在一个经济区域内各产业之间相互联系、互为制约，共同促进经济区域的发展。按照系统科学的思路研究区域经济系统，其重要的内容是区域的产业构成和地域构成。

1. 区域经济的产业构成

在区域经济的产业构成研究中，传统计划经济强调工业和农业，也可按农业、轻工业和重工业层次分类，还可按农、工、建、交、商五大物质生产部门分类；市场经济则重视第一、第二、第三产业之间的关系。下面简要说明农业、工业、交通运输业和其他第三产业在区域系统形成中所发挥的作用。

第一，农业作为区域经济的基础部门，不仅养活着区域的人口，为人们提供粮食、油料、蔬菜、肉、蛋、奶等基本生存资料，还为工业发展提供原料，为工业产品提供广阔的市场。任何经济区域的发展都离不开农业，现代工业往往是在农业基础上发展起来的，在少数地区虽然首先发展工业部门，但农业生产也要很快跟上来。随着现代工业的发展，农业不断用工业武装自己，不断实现农业现代化。虽然农业地位相对下降，但农业生产的范围仍在不断扩大，农业在经济区域形成发展中的作用仍然是十分显著的，是其他任何产业部门所不能替代的。农业在经济区域中的作用主要表现为满足区内对农副产品与轻工食品的需要、从事专业化生产以满足区外的需求。

第二，工业是工业社会的主要产业部门，也是经济区域的主要物质部门和基本骨架。工业是资金积累的主要来源和生产资料的唯一生产部门、生活资料的重要生产部门，它为农业、运输业、通信业等提供装备。就此意义来说，没有现代工业，就没有经济区域。经济区域是随着工业部门的大分工，并且出现工业地域专业化后逐渐形成的。现代工业部门繁多，但并不是所有的工业部门都在同步发展，而是根据各地域的具体条件，充分发挥各自的优势，着重发展几个主要部门，重点发展几个主要产品。同时，以其产品与其他地域进行交换，以地域内的现代工业促进农业、交通运输业、第三产业和城市的发展。一般经济区域的主要专门化部门往往为工业部门，可见，工业在经济区域中具有骨干作用。工业也是城市的主要物质内容，许多现代城市都是在现代工业基础上建立的。

第三，交通运输业在实现劳动地域分工和经济区域形成发展过程中发挥着重要作用，它是实现部门分工和地域分工的保证，是进行经济联系的桥梁。在一个经济区域内，把国民经济诸部门联结成为以中心城市为核心的统一整体，主要依靠交通运输业；而把各个经济区域区别开来，并且实现各自的主要专门化，进而又把各个经济区域紧密联系起来，更要靠交通运输业。一个经济区域内的交通运输业的发展状况与工农业和城镇的发展状况有着直接联系。经济发达的区域交通网络密集，交通运输业发达；反之，经济不发达的区域，交通运输业一般也不发达。而交通运输业可以通过各种线路、港口、枢纽等，把城市与农村、工业与农业、区内与区外紧密地联系起来。因此，交通运输业可谓是经济区域的网络和命脉。

第四，除交通运输业以外，其他第三产业（服务性部门）均直接为农业、工业、建筑业和人民的物质文化生活服务。第三产业在完善区域的经济内容、促进各部门的协调发展和形成合理的产业结构、加快经济区域的发展速度等方面，都发挥着重要作用。其中，商业以发展经济、保障供给为宗旨，搞好流通，从市场需要出发，帮助国民经济生产部门生产更多更好的适销对路商品，保障满足人民物质和文化生活的需求；邮电通信业作为国民经济中传递信息的部门，通过提供快速、高效、优质的各种通信方式，缩短空间距离，节省社会劳动时间，把社会生产、交换、分配和消费各个环节有机联系起来，为经济建设和人民生活服务；城镇和村落建设是经济发展的空间和活动集散地，是经济的中心，是城乡联系的纽带和桥梁；教育业为国民经济发展提供劳动后备力量和不同水平的各种人才；科技为工业、农业等部门发展提供支撑和先进技术；卫生为劳动者提供保健和医疗；政府机关作为上层建筑，肩负着管理经济社会的重任。第三产业在经济区域内主要采取集中分布的形式，多集中于城市之中，通过各种网点直接为各部门和城乡人民生活服务。第三产业的发展水平受制于经济区域内的工农业和建筑业发展水平。同时，它又能够促进工农业和建筑业的发展。

2. 区域经济的地域构成

区域经济的地域构成包括两种典型模式，即中心城市—城镇—农村模式和中心城市—近郊—远郊—农村模式。这两种模式可以组成复合型、有层次的复杂模式。

城市是经济区域的核心，它在经济区域内发挥着组织、集散、传输等重要作用。城市又是一种特殊类型的经济区域，工业、交通运输业和其他第三产业部门主要集中于城市内，城市的发展又离不开郊区农业。一个地域中心城市的发展水平与其主要专门化部门，基本反映了该经济区域的生产力发展水平和主要专门化方向。因此，在经济区域的形成与发展过程中，城市发挥着极其重要的核心作用。城市是作为与广大农村具有不同特点的经济实体而存在于经济区域内的，在地域分布上以点状的形式表现出来，与农村和农业分散分布的形式有所不同。随着农业的不断现代化和农村建设的发展，城乡的差距将不断缩小，但是中心城市在经济区域中的组织与核心作用将不会改变。

（二）区域经济系统的功能解析

功能是系统外在作用的能力，是系统本身固有的。从系统论的观点来看，系统结构是系统内部组成要素之间的相互关系和相互作用方式，是系统的内部组织；系统功能则是系统与外界环境的相互作用的能力，是系统结构动态的外部表现。区域经济系统的结构与功能是密切联系的，可以说一定的系统结构对应着一定的功能，结构决定着功能。

通常所说的经济发达地区、经济欠发达地区、经济不发达地区的划分，以及生态环境恶化地区、生态环境脆弱地区、生态环境良性循环地区的划分等，都是从系统功能的角度出发，对不同功能地区进行的划分。

区域经济系统结构决定功能,但是功能对结构有反作用。前者如上海,因为有雄厚的技术经济基础，各产业、各部门逐渐形成的物质交流和技术协作联系，使上海具备了强大的加工能力、进出口能力和引进外资、消化国外先进技术的能力；后者如深圳，先赋予它对外开放窗口的作用与要求，并通过给予优惠政策、引进人才、加快基础设施建设等途径使其功能完善，这种功能又反过来引导其外经外贸业的发展和各涉外行业、部门之间的联系与协作。

三、区域经济系统的特点与运行规律

（一）区域经济系统的主要特点

1. 整体性与层次性

第一，整体性。构成区域经济的各个部门是一个相互联系、相互作用、相互依托、不可分割的有机系统整体。就其系统整体而言，任何一个区域经济系统整体又是更大区域经济系统的一部分（即子系统），并构成更大区域经济系统的特性。一个国家的国民经济系统是由众多的区域经济和部门经济所构成的一个整体大系统。各个区域经济系统都是国民经济大系统中的一个子系统，从而构成了一个系统整体。为此，在区域经济发展过程中，只有总揽全局，进行整体布局、整体开发、整体发展，才能获取系统工程“整体大于部分之和”的功效。在区域经济发展过程中，切忌各自为政，自行其是，孤立发展。

第二，层次性。在区域经济系统中，经济资源的配置或生产布局充分体现了系统的纵向层次性，即全国生产布局、省域生产布局、市域生产布局、县域生产布局或全国生产布局、地方（区域）生产布局，以及纵向结构性，即产业结构的层次性，如三次产业结构，农、轻、重结构，第一产业内部的农、林、牧、渔结构，第二产业内部的轻、重结构等。同时，每个层次又对应着生产、分配、交换、消费过程和科技、文化、教育、人口、资源、环境等各个方面。每个层次系统的运行发展都牵动和影响着其他系统。因此，在区域经济发展过程中，最重要的是通过系统分析和综合考虑，将战略目标、战略重点、战略布局等逐级分解，因地制宜，综合均衡地部署经济的发展。①

2. 复杂性与综合性

第一，复杂性。区域经济系统的复杂性表现在多个方面：一是系统的多要素性，即组成区域经济系统整体的要素，有自然的，有经济的，有社会的；二是系统的多层次性，即区域生产布局的多层次性、空间结构的多层次性；三是系统的多维性，即系统状态变量的多维性，就其系统的多个质点，描写它的状态就需要三个坐标、三个动量，共六个变量，系统有多少层次，就需要多少组变量来描述，要描述各层次的关系，就需要更多的变量；四是系统的多方向性，即组成区域经济的众多要素，其中大量是属于非线性相互作用的不可逆系统，这种非线性相互作用导致系统演化发展过程的多方向性。

第二，综合性。区域经济就其本身和发展过程都具有明显的综合性，即区域经济发展资源利用的综合性、区域经济发展布局的综合性、区域经济发展环境保护的综合性、区域经济发展指挥系统运作的综合性等。为此，在区域经济发展过程中，必须用系统的综合观点，对区域经济发展的自然、社会、经济条件进行综合分析与评价，综合协调各种生产关系，综合配置各种生产要素。

3. 开放性与动态性

第一，开放性。区域经济总是处于不断发展变化的过程中，它是一个开放的系统，系统与周围环境之间、系统与要素之间、系统与结构和层次之间，相互联系、相互作用，进行着物质、能量和信息等的交换和转换，而且这种相互交换与转换的作用是无穷无尽的。为此，在区域经济发展过程中，一定要充分发挥其开放性的作用，加速其物质流、能量流、信息流的交换，促进其持续、健康、快速发展。

第二，动态性。区域经济系统的动态性表现在地域空间和时间上的相互关系。

① 董良泉，童涛．旅游开发与区域经济发展研究 [M]. 北京：中国商业出版社，2022.

随着时间的不断推移，系统在空间布局上和物质的量上都在不断地变化、运动着。系统各要素之间的关系，即工业、农业、交通运输业、邮电通信业等之间的关系都在不断变化着；系统与外部环境的关系，即区域经济系统与自然生态环境的关系也在不断变化，处于动态中，而非静态。因此，在区域经济发展过程中，一定要不断掌握系统的动态变化，根据动态变化来合理调整产业结构、生产布局以及区域经济的发展方向和速度等。

（二）区域经济系统的运行规律分析

1. 发展要素的空间配置规律分析

区域经济系统要素一般分为经济发展要素和空间构成要素，发展要素的空间配置是解决区域经济发展的各种要素在区域之间如何配置问题的。资源的空间配置之所以成为问题，是因为资源的相对稀缺性和资源禀赋的空间分布存在差异。具体可以从两个方面理解：一方面，相对于人类无限的欲望而言，资源的供给是有限的，即稀缺的，而经济活动就是产生于人们去克服资源稀缺性的种种努力和实践；另一方面，资源在空间的分布是不均衡的，资源禀赋存在较大的空间差异，而且有些资源，如土地、矿藏、政策、法规等，是不能改变或不能移动的。

2. 发展要素的组织与联系规律分析

从区域经济系统内部来看，发展要素的运动表现为要素的组合，这种组合具有内在稳定性和连续性的特点。所谓内在稳定性，是指在特定空间范围内，区域经济系统的运动，即各种要素围绕专业化部门而形成的经济联系、组织和结构。这种组织和结构，反映了在区域共同利益基础上的经济活动的内在联系，由于这种密切的经济联系，区内经济活动表现出本地性特点，具有同质性特征，这正是区域经济运行区别于国民经济运行的重要特征。区域经济是具有特色的国民经济，其原因就在于不同区域经济其联系的方式有所不同。所谓连续性，是指经济活动联系是不间断的，而且是不断发展的，随着区域专门化部门的变化而发生变化。

3. 空间结构优化和演进的规律分析

发展要素在空间的配置和流动，造成了地域空间结构的形成，促进了空间结构的优化和演进。空间结构是区域经济系统、经济发展要素运动落脚于地域上的表现。从静态的方面看，空间结构的基本形态表现为核心—外围的二元结构。根据西方空间结构理论，核心—外围结构是极化—扩散机制作用的结果。这表明经济发展在空间上是非均衡的实质。区域空间结构的形成是区域经济非均衡运动的结果。从动态的方面看，在极化与扩散的作用机制下，经济空间结构并非长期的稳定不变，而是随着区域经济的发展而发生变化，不断进行优化和演进的，即经济活动的地域过程表现出了一定的方向。

4. 区域非均衡协调发展规律分析

区域经济系统运动的根本目的是既要保持系统整体量的扩张，又要促进系统质的改善，即系统结构的优化和升级。换言之，区域经济系统运动的重要规律之一，是既要保持国民经济的高效运转和适度增长，又要促进各区域经济的协调发展和共同繁荣，从而呈现区域非均衡协调发展的特征。

第二节　区域经济发展本质与动力

一、区域经济发展的内涵与本质

（一）区域经济发展的内涵

经济学的主要任务是研究如何使社会有限的资源合理利用，以增加社会总财富和总福利。社会总财富和总福利的增加过程即经济的发展过程。根据艾萨德的观点，区域经济学是研究“确定可在某一区域有效地从事生产并获取利润的单个或集团产业；改善区域居民的福利，如提高区域内人均收入水平，改善收入分配，更有效地衡量收入等；区域内产业的分散，获得区域内资源的最有效利用”。而研究区域经济发展问题是区域经济学的重要内容。

区域经济发展指的是不断提高区域吸引力与辐射能力、不断优化区域产业结构及空间结构、不断增加区域内总产出的整个过程。而在这一过程中有一定关联与区别的是一般经济发展与区域经济发展两个经济概念，其中，体现了福利与财富增加的动态过程指的是共性特征，不过在特定地域空间中表现出的经济发展则是区域经济发展所强调的，该发展形势具有时空结合的特殊属性。早期，西方经济理论界将经济发展视作国民生产总值的增加，称为经济增长，20 世纪 70 年代后，在经济理论界便出现了对这两个概念进行区分的做法，并将发展问题从三个层面加以区分，即区域发展、区域经济发展及区域经济增长，这是对区域经济发展内涵正确把握的关键所在。

1. 区域经济增长与区域经济发展的内涵

经济增长的内涵较为狭窄，是一个偏重数量的概念，强调沿时间维度经济运行状态的变化；而经济发展的内涵较广，是一个既包含数量又包含质量的概念，强调沿时间和空间两个维度的经济运行状态变化。经济增长是手段，经济发展是目的。经济增长是经济发展的基础，经济发展是经济增长的结果。因此，追求区域经济增长就成了大多数区域实现经济发展的首要目标。

回顾经济学发展史可知，从亚当·斯密、大卫·李嘉图到现代西方一些主要经济学家都非常注重经济增长的研究，这使得经济增长理论不断完善，并逐渐向系统化、计量化和模型化发展，从而使经济增长理论的研究成为经济学理论体系中的一个重要组成部分。区域经济发展理论自 20 世纪 50 年代以来得到了迅速发展，出现了大量的研究成果，其中影响较大的有增长极理论、发展极理论、累积的循环因果关系理论、中心边缘理论、依附理论、收入趋同假说等，但是从已有的研究成果来看，区域经济发展的理论尚不成熟。这种不成熟主要表现在区域经济发展理论主要仍集中于区域经济增长问题的研究上，其模型也主要源于主流经济学的经济增长模型，缺乏与区域形成规律相联系，并能揭示区域经济发展内在机理的理论与模型。因而，限制了区域经济学对现实社会区域经济发展问题的解释力，影响区域经济学学科的发展。

2. 区域经济发展与区域发展的内涵

所谓的区域发展，指的是立足经济学而又超出其学科。从广义的概念上讲，指的是在一定的地域空间内，推进环境、社会及经济的全面发展，区域环境发展、区域社会发展与区域经济发展三者是相辅相成的，其中，最为基础的是区域经济发展。如果经济得不到发展，其他发展也将成为无稽之谈，势必引发环境与社会发展的问题，而社会的发展主要体现了社会的进步。社会进步的具体体现是人与人的共同进步，主要包括尊重及承认人的权利、人的自由、社会公平公正、国际和平的维护与人的认识水平的提高等内容。一旦社会无法再进步，即使经济发展得再快，也依旧无法取得想要的效果，这不利于环境与资源的发展。区域环境是囊括区域社会进步与区域经济发展各种因素的重要载体，还包括动植物、气候、土壤、资源等非生物环境构成的环境因素。人们向往一种良好的、有益于身体健康和心情愉悦的环境，如清新的空气、清澈的水体、丰富的动植物种群等。统筹经济、社会和环境的协调发展，是实现区域可持续发展的前提和保障。

（二）区域经济发展的本质特征

区域经济发展作为区域经济学研究的主要领域之一，有别于一般的经济发展，具体表现出以下几个本质特征。

1. 时间维度：区域经济增长

特定的区域商品及劳务的增长指的是区域经济的增长，而数据化及模型化体现的是现代经济增长的理论特征，具体体现在通过数学计量手段联系经济增长相关的变量，构造模型对未来进行指导，并发挥着预测未来的作用。具有代表性的理论有新增长模式、新剑桥增长模型式、新古典增长模型、哈罗德—多马模型等经济增长模型，而来自主流经济学的一个重要理论分支指的是现代经济增长理论，它继承了主流经济学传统，将时间序列数据作为模型的基础，沿着时间维度推导结论和描述未来。

2. 空间维度：空间结构演化

人类经常活动的场所叫作空间，通过空间可以反映出各种社会经济活动，在多种因素的影响下，经济活动产生了一定的集中及扩散作用，将对区域经济的非均衡增长发挥推动作用。通过区域经济的非均衡增长形式，在一定的空间范围内将引起一些社会经济客体和现象的形态、聚集规模、相互结合关系等发生相应的变化。

所谓的区域经济的空间运动体现得较为全面，具体表现为传输能源流、信息流、人流、物流等动态过程。在地域空间中体现出社会经济系统与系统内部的各子系统以及其环境之间的相互关系及作用，是集聚、组合及分化各社会经济活动的动态过程，也是人类社会经济活动区域选择的结果。区域空间结构的演变过程是区域经济空间的运动过程，而对区域经济增长与区域空间结构演化进行考察，然后从二者中寻找内在的联系，便是区域经济学有别于其他经济学研究的一个显著特征。

3. 区际关系：吸引与辐射的交互作用

劳动分工及生产专业化的扩大，是通过在空间上各要素的均匀分布，形成区际劳动的分工，加之出现的社会制度性空间，从而建立的一种排他性产权的模式，具体表现在具有行政管辖疆界的国家或区域中。劳动分工的进一步演变，可推动不同区域间的经济联系，本质上是变换不同空间区域的资源配置及制度变迁，而区域是在市场经济条件下形成的一个开放的系统，使得区域之间存在合作及竞争双重关系。区域关系体现在吸引和辐射两种作用，其中，吸引指的是在聚集力作用下，从其他区域集聚经济发展中获取相关资源及要素的形式；而辐射指的是经济活动在特定区域经济中，扩展与影响其他区域。区域间的经济发展是处于一种不平衡的状态，这是由区域间产业结构、分工与专业化程度、要素禀赋等不同的作用造成的。而在区域关系中，强势的区域具有一定优势，体现出较强的辐射及吸引能力，而弱势区域则体现出较弱的吸引和辐射能力。

二、经济发展的动力与内容

（一）经济发展动力的特征

经济发展的动力体现在经济发展中，是经济活动主体上的动力，经济发展动力具有不同的层次，体现在区域经济发展动力、城市经济发展动力、产业经济发展动力、企业经济发展动力等不同的层次，而主导经济发展动力和辅助经济发展动力、直接经济发展动力与间接经济发展动力、内生经济发展动力与外生经济发展动力等各种不同层次的经济发展动力，是根据一般划分方法而分类的。一般来说，经济发展动力具有如下特征。

1. 方向性

动力是具有方向的空间矢量，与经济发展方向相一致、促进经济发展的力量称为正向动力；与经济发展方向不一致的动力，称为负向动力。经济发展的状态是正向动力与负向动力综合作用的结果。当正向动力超过负向动力时，经济得到发展；当负向动力超过正向动力时，经济发展呈衰退状态。

2. 动态性

经济发展动力不是一成不变的，其大小也会随着时间的变化而变化。内生动力与外生动力表现出不同的动态性品质。内生动力是关于时间的增函数，而外生动力则是关于时间的减函数。也就是说，作用于某一事物上的内生动力会随着时间的增加而增加，这种增加包含两种过程：其一是原有内生动力的累积过程；其二是外生动力的内化过程。而外生动力，通常会随着其内化的过程以及新的外生动力的替代效应，随着时间的变化而递减。内生动力是决定经济发展的根本，外生动力需要内化为内生动力后，才能成为真正影响经济发展的力量。①

3. 加和性

在经济发展过程中，影响经济发展的有多种动力，主要包括内生动力、外生动力、直接动力、间接动力、根本动力、辅助动力等。经济发展状态是这些动力综合作用的结果。因而，动力具有加和性。正向动力的累加，使促进经济发展的动力加大，负向动力的累加将导致经济发展的总动力变小。

（二）区域经济发展的动力内容

区域是一个空间的概念，要素与经济活动主体在区域空间上的聚集是区域产生的根本原因，聚集是推动区域经济发展的根本力量，聚集经济是区域经济的本质特征，因而，聚集是区域经济发展的根本动力。

1. 聚集动力

第一，聚集动力的方向性。方向性是聚集动力的特点，偶尔也出现负向性。区域经济一旦进入聚集经济状态，聚集动力与区域经济的方向性便处于一致的状态。当然，偶尔也会伴随负向性，也就是与区域经济发展方向相反。因而，对区域经济的发展起到负面影响；当区域经济处于聚集的萧条状态时，区域经济的发展速度将会因为延续原有的聚集方式而出现减慢的现象，甚至出现倒退现象。

第二，聚集动力的动态性。聚集的动态性体现在区域空间上，随时聚集度会发生变化。因为区域是一种开放的空间，流动性的要素是容易流入、流出。对于那些新的企业或产业而言，区域外的企业更容易迁移至特定的区域空间，甚至出现区域内的企业迁移至其他区域的现象。区域性要素的境况会随时发生，如区域内自然环境的改善。上述变化均会带来聚集度的变化，从而导致聚集动力发生变化。

第三，聚集动力具有加和性。区域经济的发展体现在聚集过程中，而聚集度不断提升的过程正是区域经济不断发展的过程。区域经济发展的增加将会引发聚集程度的增加。区域经济的根本发展动力是聚集动力，不过，该动力不是唯一的动力。当聚集动力与其他类型动力相互结合，就可以推动区域经济的发展。

在特定区域的空间范围内，容易发生聚集过程，造成的聚集现象是由区域经济发展的内在因素导致的，所以聚集是区域经济发展的内在动力。

① 窦玉鹏. 区域经济发展动力转换 从战略到政策 [M]. 长春：吉林大学出版社，2021.

2. 聚集效应

区域的聚集效应是指社会经济活动因区域空间聚集而产生的各种影响或经济效果。区域聚集效应可从分工效应、规模效应、外部效应和市场效应等方面进行考察和分析。而聚集效应主要包括以下几种效应。

第一，分工效应。所谓分工效应，是指由于聚集而给区域经济活动主体带来的分工与专业化方面的影响。分工与专业化具有聚集需求。分工与专业化的发展需要相应的外在环境与条件，企业分工专业化的深化，客观上要求企业具备一定的生产规模，手工作坊式的生产，分工专业化无法发挥应有的作用。因而，聚集是分工与专业化实现的条件和基础。

作为近现代经济的一种生产方式，分工与专业化生产是推动经济增长的重要力量之一。分工与专业化生产之所以能够产生巨大的经济利益，是因为分工与专业化能够促进劳动生产率的提高；分工与专业化生产有助于节约生产要素的投入；分工与专业化生产有助于提高企业的经营与管理效率。分工与专业化使复杂的生产程序变得较为简单，而且由于分工比较明确，生产技术的可控程度增强，从而导致企业管理工作的复杂程度降低，效率得到提高；分工与专业化有助于技术创新和进步，有助于大规模生产设备的运用，从而扩大了技术应用的潜力；分工与专业化促进了生产方式的发展，使得大规模专业化生产成为可能，社会产品变得日益丰富。

第二，规模效应。所谓规模效应，是指由于聚集导致经济规模增加而给区域经济活动主体带来的利益影响。规模经济是区域聚集经济的一个重要方面，它既包括生产方面的利益（即生产规模经济），又包括消费方面的利益（即消费规模经济）。前者主要表现为单位产品成本随产量的扩大而递减，后者则表现为单位消费品或消耗品的平均支出随聚集规模的扩大而下降。

产生规模经济的原因有很多方面，其中，最重要的是投入的不可分性。在组织社会经济活动过程中，总有一些投入是不可分的，它与一定区间上的规模大小无关。以生产性投入的不可分性为例，假定某生产活动唯一的投入是某种特定的资本品（如一台机器、一艘轮船、一条管道或一个工厂等）。这些资本品如果在物质上将其分割，则可能会变得毫无用处或至少失去其原有的生产功能。因而，它们是不可分的。这种不可分的投入，广泛地存在于社会活动的各个范围和领域。不但单个企业内部、产业内部，而且整个城市内部、区域内部都存在着投入的不可分性问题。前者如企业内部的固定成本、产业内部的技术培训与信息收集成本等，后者则如城市基础设施、交通、管理、污染控制等公共物品的投入，都具有明显的不可分性。与之相联系，不但在生产领域，而且在诸如文化娱乐、教育、住房等消费领域也存在类似的状况。所以，在城市经济和区域经济中，不可分投入是导致各种规模经济产生的一个决定性因素。

不可分投入的另一种表现形式为设置成本。经济活动的组织，毫无疑问都要花费设置成本。就企业而言，其设置成本主要表现为准备工作所花费的各种成本。一旦设置成本已经付出，则产出与要素投入成正比，从而让产品平均成本随着产量的扩大而降低。在这种情况下，规模收益递增的现象十分明显。在区域经济活动中，类似的设置成本在各个领域广泛存在。除了企业以外，整个行业的创立、公共物品的生产、社会文化团体的组建等都存在着类似现象。因为产业规模扩大导致的管理、销售、生产及相应投入等效率都得到提升，这是产业生产规模经济形成的原因。

具体分析如下：首先，扩大生产规模是为提高专业化劳动分工及增强生产线作业。在提高个人技能的同时，降低产品需求及原料供应的随机变动，满足所需产品及原料的存货，从而提高企业的生产力。其次，通过产品贮藏、产品运输及广告宣传等销售活动扩大企业的生产规模，从而形成规模经济，企业产品所分担的销售费用也随之降低。

实现企业合理规模，需要充分满足市场所需与相应的技术条件，而产业空间集中的社会经济活动，将充分的社会经济条件与市场条件提供给企业，从而确保实现企业的合理规模。空间集中的社会经济活动，将充分的社会技术与市场条件提供给企业合理规模，也聚集大量熟练的劳动力，为企业规模的扩大提供了必需的劳动力市场，这便是经济聚集而引发的结果。

规模效应离不开社会经济活动的另一类特性，函数的技术状况密切关系着规模经济的产生，而规模经济的特征不是存在于所有的生产活动中。通常，当生产函数必须是严格的凸函数时，才有规模收益上的递增。而有限性是指特殊的经济规模，如果同一企业过分扩大生产规模，使得生产函数中投入与产出关系发生变化，规模收益将会递减，从而出现规模萧条的现象。

第三，外部效应。所谓外部效应，是指由于聚集产生的区域内的经济活动主体带来的外部经济方面的利益。外部性的产生与人类社会经济活动存在相互作用，各种外部经济效应的存在可以说是聚集经济产生的重要原因。由于社会经济活动的空间集中，各种行为的相互依赖与摩擦的状态格外强烈。因此，外部性特征更为突出。

总体来说，因社会经济活动与行为主体的相互作用而产生的外部性经济利益有以下几个方面：一是经济活动主体获取更好的信息和技能。存在于现代经济中的不同产业,发展因素占主体地位,通常产出于一个企业中可能是另一个企业的投入，只要出现其中一个因素就可以激发改革创新，并有效促进经济发展。上述的经济利益信息是产生聚集经济的又一个重要原因。二是多样性经济利益。这种经济利益多发生在城市中，这种城市具有一定的异质性，不同身份的居民通常由社会组织、厂商及居民等人群构成。他们之间无时无刻不产生交互形式，从而体现出各种外部经济利益以及风俗、知识与思想观念的交融。因此，居民的社会生活文化环境更加丰富多彩，新的发明、新的思想及知识不断被激发出来。这些都是由多样性特征所产生的外部经济效果。三是大数法则利益。聚集了各种行为的个体扩大活动空间，即使很小的活动也可以将个体与空间发生相互关联的联系，使得社会经济活动更加有效。举例来说，那些有偏好的消费者使需求和生产得到减缓，从而让厂商的利益受损，而一些社会经济活动可以让具有不同能力的居民找到适合自己的工作。因此，将大量经济活动主体集中在一起，提高居民就业，可实现特定区位优势资源的利益共享。

第四，市场效应。所谓市场效应，是指由于区域聚集而给区域内的各个经济活动主体带来的市场效率提高的利益。空间聚集所带来的市场效率的提高，是显而易见的。其一,聚集导致市场空间范围内的经济活动主体之间的经济联系增多。市场既是进行商品交换的场所或领域，又体现了一种交换关系。同一产业内的企业之间表现为竞争与合作的关系、不同产业的企业之间体现在一种竞争与互补的关系、厂商与消费者之间以及下游产业与上游产业之间存在着供给与需求的关系等。经济活动主体，包括城市居民在区域空间上的聚集，将导致这种经济联系的增多。其二，聚集导致市场需求增大。区域空间内大量人口的聚集，带来了巨大的市场需求，这种需求表现为消费者个体的需求，也包括企业为保证其生产和扩大再生产所需的原材料、劳动力、能源和相关设备的需求。消费者和厂商数量的增加，将导致市场需求的增加。其三，聚集导致市场供给能力的增强。同类厂商的聚集，将直接导致某种产品市场供给量的增加。而不同类型厂商的聚集，将导致市场上供给产品种类的增多。数量增加和品种增多的直接结果是市场供给能力的增强。其四，各类经济活动主体在空间上的聚集，使生产者与消费者、原料生产商与厂商以及具有内在经济联系的经济活动主体之间的空间距离拉近，在发生经济联系或进行交易时可节约时间和交易费用。另外，空间聚集又导致市场竞争加剧，为取得竞争中的有利地位，各经济活动主体必须努力提高工作效率，规范市场行为，从而提高市场运行效率。

第三节　区域经济发展的理论基础

区域经济在整个国民经济中有着不可替代的作用，只有符合当地的实际情况，且按照科学的发展规律进行长久规划，才能构建区域经济的现代化模式。本节围绕区域经济均衡发展相关理论、区域经济非均衡发展相关理论、区域经济可持续发展理论阐释对区域经济发展进行论述。

一、区域经济均衡发展相关理论

均衡发展或均衡增长是区域经济发展的一种方式。区域均衡发展理论认为经济是有比例、相互制约和相互支持发展的。新古典区域均衡发展理论是区域均衡理论的代表之一，是建立在自动均衡倾向的新古典假设基础上的。根据该理论，人们普遍坚信，只要在完全竞争市场条件下，价格机制和竞争机制就会促使社会资源得到最优配置。这一理论包括莱宾斯坦的临界最小努力理论、纳尔逊的低水平均衡陷阱理论、讷克斯的贫困恶性循环理论等。

这一理论是建立在一系列严格假设条件之上的。这些假设条件包括：①生产中有资本和劳动力两种要素，并且可以相互替代；②完全的市场竞争模型；③生产要素可以自由流动，并且是无成本的；④区域规模报酬不变和技术条件一定；⑤发达地区资本密集度高、资本边际收益率低，不发达地区劳动密集度高、工资低。

这一理论认为，区域经济增长取决于资本、劳动力和技术要素的投入状况，而各个要素的报酬取决于其边际生产力。在自由市场竞争机制下，生产要素为实现其最高边际报酬率而流动。在市场经济条件下，资本、劳动力与技术等生产要素的自由流动，将导致区域发展的均衡。因此，尽管各区域存在要素禀赋和发展程度的差异，劳动力总是从低工资的欠发达地区向高工资的发达地区流动，以取得更多的劳动报酬。同理，资本总是从高工资的发达地区向低工资的欠发达地区流动，以获得更多的资本收益。要素的自由流动，最后将导致各要素收益平均化，从而产生各地区经济均衡发展的结果。

（一）临界最小努力理论

莱宾斯坦在《经济落后和经济增长》一书中提出了临界最小努力理论，主张发展中国家应该努力使经济达到一定的水平，冲破低水平均衡状态，以取得长期持续的经济增长。莱宾斯坦认为，如果经济发展的努力达到一定的水平，但是提高人均收入的刺激小于临界规模，那么就不能克服经济发展的障碍、冲破低水平均衡状态。为使一国经济从落后状态向比较发达状态转变，取得长期持续的增长，这个经济必须在一定时期受到大于临界最小规模的增长刺激。

莱宾斯坦的命题建立在这样一个经验证据上，即人口增长率是人均收入水平的一个函数。从长期来看，发展中国家推动人均收入上升的刺激力量一般小于人均收入上升时所遇到的阻力。因此，人均收入始终要保持在仅能维持生存的均衡点上，这将引起反复轮回的恶性循环。不过，如果外来的刺激力量巨大，使人均收入持续地大幅度上升，这时即使消费水平因收入的增加而提高，也不至于把增加的收入全部用于消费。同时，诱发的人口增长也为经济发展提供了条件。在这种情况下，发展中国家就会有力量摆脱其恶性循环，迈向持久性的成长之路。也就是说，一国的经济从落后状态向比较发达状态转变，就必须在一定的时期受到大于临界最小规模的增长刺激。

（二）低水平均衡陷阱理论

低水平均衡陷阱理论是在莱宾斯坦提出的“准安定均衡”理论的基础上，由发展经济学家纳尔逊提出和进一步完善的。

该理论假设当人均收入超过维持生命的水平时，人口就会迅速增长；当人口增长率达到“自然的上限”以后，收入的增长使人口下降。其理论的主要内容是：不发达经济的痼疾表现为人均实际收入处于仅够糊口或接近于维持生命的低水平均衡状态，很低的居民收入使居民储蓄和投资受到极大的限制。如果以增加国民收入来提高储蓄和投资，通常会导致人口的增加，从而又将人均收入推回到低水平稳定均衡状态之中。这是不发达经济难以逾越的一个陷阱。

该理论主要涉及人均资本与人均收入增长、人口增长与人均收入增长、产出的增长与人均收入增长三个方面的关系。纳尔逊认为，发展中国家人口的过快增长是阻碍人均收入迅速提高的陷阱，必须进行大规模的资本投资，使投资和产出的增长超过人口的增长，才能冲出陷阱，实现人均收入的大幅度提高和经济增长。

同时，纳尔逊认为，形成低水平均衡陷阱的四个经济技术条件：一是人均收入水平和人口增长率的高度相关性；二是人口基数过大和人均收入过低，使得任何投入的额外追加都难以提高人均收入，进而使储蓄和人均投资的增加十分困难；三是耕作制度的落后，使发展中国家最看重的土地资源严重短缺；四是所采用的生产方法缺乏效率。若干非经济因素和经济活动中只改变收益分配格局而不增大国民收入总量的“零和效应”，也会阻碍经济的发展。另外，发展中国家还存在各种阻碍进步和发展的社会、文化方面的惰性。

持续的经济增长要求打破低水平均衡陷阱。在现有经济资源不变和没有外部刺激的情况下，要走出陷阱，就必须使人均收入增长率越过人口增长率。因此，必须多管齐下，综合治理。其主要措施有六种：一是从制度上创造有利于经济发展的政治氛围和社会环境；二是出台计划，缩小家庭规模，改变社会结构，鼓励节俭消费，倡导居民储蓄，培养企业家精神；三是改变收入分配格局，避免公平伦理观念影响效率原则，并促使财富向投资者集中；四是依靠国家综合投资以及国民经济发展计划和规划的确定，加大突破陷阱的力量；五是吸引外资以增投资和收入；六是通过技术进步来提高现有资源的使用效率。

（三）贫困恶性循环理论

1953 年，美国经济学家拉格纳·讷克斯出版《不发达国家的资本形成问题》一书。在该书中，他提出了著名的贫困恶性循环理论，认为资本稀缺是阻碍发展中国家经济增长的决定性因素。

讷克斯以穷人为例说明了这一问题：穷人之所以穷，是因为他们的收入少；他们的收入之所以少，是因为他们的工作效率很低；他们的工作效率之所以低，是因为他们身体差；他们的身体之所以差，是因为他们的收入很少，即非常贫穷。起点是贫穷，终点也是贫穷，从而形成一种恶性循环。

讷克斯认为，对一个人来说如此，对一个地区或国家来说也是如此，这就是所谓“越穷就越差，越差就越穷”的“马太效应”。讷克斯认为，现实经济活动中存在着由于收入低而造成的两个“恶性循环”，这是从资本供给和资本需求两个角度来描述恶性循环的。从供给角度来看，由于收入水平低，导致储蓄少，储蓄少又造成资本供给不足，资本短缺造成生产率难以提高，而生产率低下又造成收入水平低下。这样，收入低下、储蓄较少、资本缺乏三者互为因果，形成一个恶性循环。从需求角度来看，由于收入水平低，造成市场购买力低，使投资引诱力减小，资本有效需求不足同样导致生产率低下，从而也导致收入水平低下。这样收入低下、购买力萎缩、投资不足三者互为因果，又形成一个恶性循环。

（四）区域均衡发展理论的评述

均衡发展理论存在以下缺陷。第一，忽略了一个基本事实，即对于一般区域特别是不发达区域来说，不可能具备推动所有产业和区域均衡发展的资本与其他资源，在经济发展初期很难做到均衡发展。第二，忽略了规模效应和技术进步因素，似乎完全竞争市场中的供求关系就能够决定劳动和资本的流动，就能够决定工资报酬率和资本收益率的高低。事实上，市场力量的作用通常趋向于增加而不是减少区域间的差异。发达区域由于具有更好的基础设施、服务和更大的市场，必然对资本和劳动具有更强的吸引力，从而产生极化效应，形成规模经济。虽然也有发达区域向周围区域的扩展效应，但在完全市场中，极化效应往往超过扩展效应，使区际差异加大。另外，技术条件不同也会使资本收益率大不相同，此时的资本要素流动会造成不发达区域资本要素更加稀缺，经济发展更加困难。

区域均衡发展理论显然是从理性观念出发，采用静态分析方法，把问题过分简单化了，与发展中国家的客观现实距离相去甚远，无法解释现实的经济增长过程，无法为区域发展问题找到出路。在经济发展的初级阶段，非均衡发展理论对发展中国家有更合理的、现实的指导意义。

二、区域经济非均衡发展相关理论

区域经济差异一直是区域经济学研究的核心问题之一，也是世界各国经济发展过程中存在的一个普遍性问题，其中的非均衡发展理论，最初是发展中国家实现经济发展目标的一种理论选择。由于区域与国家在许多地方有相似性，使得该理论与均衡发展理论在做区域开发与规划时，经常被借鉴和引用，成为区域经济发展战略选择的理论基础。不均衡增长理论的基本观点可概括为以下几个方面。

第一，落后地区真正缺乏的不是资源本身，而是资源投入使用的方法与能力，因此应该优先考虑那些能最大限度地引致投资的项目。

第二，经济发展初期，由于资源约束，应该首先发展带头产业，从而推动其他部门的发展。当经济发展到高级阶段，国民经济各部门发展需要一定的协调以维持稳定、全面的增长时，均衡增长便成为一种必然。所谓均衡的恢复不是压力、刺激和强制的结果，不均衡才是常态。

第三，均衡增长与不均衡增长是从不同角度、不同时期、不同阶段考虑的。强调不均衡增长的目的是实现更高层次的均衡增长。也就是说，均衡增长是目标，不均衡增长是手段。

不均衡发展理论遵循经济非均衡发展的规律，突出重点产业和重点地区，有利于提高资源配置的效率。由于发展中国家都处于资本稀缺的经济发展的初级阶段，相对于均衡增长而言，不均衡增长理论对其更具吸引力。这也是几十年来区域不均衡发展理论在发展中国家日益受到广泛关注和普遍采纳的原因。

（一）不均衡增长理论

不均衡增长理论是由著名经济学家赫希曼在《经济发展的战略》一书中提出的。该理论主张发展中国家的投资应该有选择地在某些部门进行，其他部门通过其外部经济作用而逐步得到发展的经济战略。

赫希曼认为，发展中国家最稀缺的资源是资本，若实行“一揽子”投资，则资本稀缺这一“瓶颈”将无法突破，从而也就无法实现均衡增长。他指出，发展的路程好比一条“不均衡的链条”，从主导部门通向其他部门，从一个企业通向另一个企业，从一个产业通向另一个产业。经济发展通常采取“跷跷板”的推进形式，从一种不均衡走向新的不均衡。因此，发展政策的任务不是取消而是要维持紧张，即维护不成比例或者不均衡，使不均衡的链条保持活力。不发达经济取得经济增长最有效的选择是运用精心设计的不均衡增长战略。

从投资角度来看，先要选择若干战略部门进行投资，当这些部门的投资创造出新的投资机会时，就能带动整个经济的发展。赫希曼指出，新的投资工程刚开始时，它总是要利用以前的工程创造的外部经济，同时它自己也能够创造可以利用的外部经济。投资工程可以划分为两大类：一类是对外部经济利用多而创造少，具有收敛级数性质的投资；另一类是对外部经济利用少而创造多，具有发散级数性质的投资。发展政策当然要鼓励，促进利用少而创造多的发散性投资，但实际上往往是两类投资交叉进行。[①]

赫希曼是首先提出产业之间的前向联系和后向联系概念的经济学家。前向联系产业一般是指制造品或最终产品生产部门；后向联系产业一般是指农产品、初级产品生产部门。赫希曼认为，应该根据联系效应理论，把投资重点放在中间的基本工业上，引起前向联系效应和后向联系效应，从而带动整个地区经济的发展。在项目选择上，应该优先选择那些能产生最大引致投资的直接生产性部门（主导部门），以其优先增长来带动其他部门的发展。即一个国家在选择适当的投资项目进行优先发展时，应当选择具有显著的前向联系效应和后向联系效应的产业，而联系效应最大的产业就是产品需求收入弹性和价格弹性最大的产业，在发展中国家通常为进口替代工业。可见，不均衡增长理论是从资源有效配置的角度，考虑如何把有限的资源分配于最有生产潜力，即联系效应最大的产业，通过这些产业的优先发展来解决经济发展的“瓶颈”问题，并带动其他产业发展。这也是赫希曼不均衡增长理论的核心。

（二）循环累积因果理论

经济学家冈纳·缪尔达尔于 1944 年在其《美国的两难处境》中提出循环累积因果理论。他认为，社会经济的变动并不是像新古典主义者所说的那样，是由单一的或少数的因素决定的，而是由技术进步、社会、经济、政治、文化和传统等多种因素决定的。

把社会经济制度看成一个不断演进的过程，认为导致这种演进的技术、社会、经济、政治、文化等多方面的因素是相互联系、相互影响和互为因果的。如果这些因素中的一个因素发生了变化，就会引起另一个相关因素也发生变化，后者的变化反过来又推动最初那个因素继续发生变化，从而使社会经济沿着最初的那个变化所确定的轨迹与方向发展。可见，社会经济的各个因素之间的关系并不守恒或者趋于均衡，而是以循环的方式在运动，而且这种循环不是简单的循环，它具有积累的效果。

总体来看，循环累积因果理论重点强调了社会经济过程中存在的三个环节，即最初的变化，接着是一系列传递式的相关变化，最后是又作用于最初的变化，并

① 张颖婕．区域优势产业与区域经济发展研究 [M]．北京：经济日报出版社，2019.

产生使其上升或下降的进一步变化，从而构成循环。

缪尔达尔的循环累积因果理论强调以下三个环节：起始的变化、第二级的强化运动、最后的上升或下降过程。他认为这个原理反映了社会经济因素变化的客观运动，既是对现实世界的正确描述，又是制定政策的可靠依据。由于缪尔达尔的理论分析运用了“整体性”方法，强调经济与社会其他因素的互补性，他的理论也被认为是西方经济学的重大发展。

（三）倒“U”形理论

1965 年美国经济学家威廉姆森发表了《区域不均衡与国家发展过程》一文，通过对 20 世纪 50 年代 24 个国家有关区域差异的国际性数据进行横向比较研究后，威廉姆森发现了这些国家的区域差异格局在时间上呈现倒“U”形。其中贫穷的发展中国家，如巴西、哥伦比亚、菲律宾与波多黎各等国的区域差异呈扩大的趋势，而发达国家如美国、加拿大、法国和意大利等国家的区域经济差异却在持续缩小。

威廉姆森又进行了单个国家区域收入差异变化的分析，并提出，在经济发展的早期阶段，区域差异逐渐扩大；但在经济发展的成熟阶段，这一差异趋于收敛。据此，威廉姆森认为区域差异遵循“全国增长轨迹上的倒‘U’形曲线”。威廉姆森的倒“U”形理论表明，在到达拐点之前的相当长一段时期内，区域发展差异是不断扩大且难以消除的，而且根据发达国家的发展经验，即便旧的差异缩小了，新的差异又会出现。积极活动的空间集中式极化是国家经济发展初期不可避免的现象，由此产生的区域差异将随着经济发展的成熟而最终消失。

倒“U”形理论的内在含义是经济发展与区域差异之间的相互作用和相互依赖。具体来说，在经济发展的初期阶段，区域差异的扩大是经济增长的必要前提。因为用于国家经济发展的资源在此阶段是有限的，只有将有限的经济资源集中在较少的区域使用，才能最迅速地实现经济进步，否则将导致经济效率的损失。在经济发展的后期阶段，可供支配利用的经济资源比较充裕，进而鼓励新增长点出现的可能性增大。新增长点的出现不仅可以缩小区域差异，还能促进国家整体经济发展水平的进一步提高。

（四）非均衡增长理论的评述

上述非均衡增长理论存在两个基本问题。

第一，增长对非均衡的依赖性是否存在某种客观限制，即并非区域发展差异越大，区域经济增长速度一定越快。这些理论都没有涉及这个问题。如果人们把考察的焦点放在一国经济发展的初级阶段，把经济增长建立在拉开距离的基础上，而对究竟这个差距是否有个客观的合理的界限并没有做出阐明。根据实际经验，即使在经济发展初期，过大的区际收入差异也会阻滞一国的经济发展。

第二，这几种非均衡发展理论都没有阐述非均衡发展的合理界限问题。也就是说，对于一个社会而言，是否存在一个最优的非均衡增长的“度”。显然，这些理论均忽略了区域成长过程中区域差异扩大可能付出因社会矛盾激化而导致的经济停滞的高昂代价。人们应当考虑这样一个问题，在区域发展的整个过程中，非均衡发展是否都具有比均衡发展更高的效率。显然，这样的问题涉及价值判断，不可能要求注重实证分析的发展理论作出回答，但在区域经济发展实践中，对它是否作出回答却很重要。

区域经济非均衡增长理论，指出了不同区域间经济增长的差异，但是不能因此而断定区际差异必然会不可逆转地扩大。所以说他们片面地强调了累积优势的作用，忽视了空间距离、社会行为和社会经济结构的意义。缪尔达尔和赫希曼的理论动摇了市场机制能自动缩小区域经济差异的传统观念，并引发了一场关于经济发展趋同或趋异的论战。但是在威廉姆森的倒“U”形假说提出之前，论战缺乏实证基础。他的研究使讨论向实证化方向迈出了有力的一步。

三、区域经济可持续发展理论阐释

（一）可持续发展的理解

根据1992年联合国环境与发展大会通过的《21世纪议程》，可持续发展被定义为“既满足当代人的需求，又不对后代人满足其自身需求能力构成危害的发展”。从概念上来理解，可持续发展的本质是既要满足当前社会经济发展的需求，又要考虑未来的需求，不能以牺牲后代人的福利为代价来满足当代人的福利。也就是说，人类的经济活动不能超过现实科技水平和社会发展水平条件下的资源以及环境的承载能力。

目前，人们对可持续发展的理解，基本上集中在两个方面，即全面发展与公平发展。

1. 全面发展

全面发展是对发展的综合描述。由于发展的条件是多方面的，发展的目的不仅是生产财富，更要求是全面的，包括经济发展、环境改善和社会进步三大方面的发展，涉及人类发展的各个领域。全面的可持续发展必须达到的目的是：经济的长期、稳定、良性的增长，重视经济活动和经济发展行为的生态合理性，保证经济行为的可持续性；人类赖以生存的环境可以得到保护，而生态系统的质量不断提高；人口逐步稳定在一个合理的水平，人类得到永恒的延续。

2. 公平发展

公平发展的核心内涵是构建和谐社会。目前，人们对于公平发展，一般是从以下两个方面来理解。

第一，人类和自然界的公平。多年来，人们都把自己看作自然界的主人，认为人类在任何地方、任何条件下都可以将自己的意志强加于自然界，这样人们就把自然界当作人类的附庸。然而，自然界有为人类服务的一面，也有需要发展自身的一面。人类与自然界的公平，实际上是求得一种和谐。人类与自然界的和谐发展，能够使人类从自然界获得取之不尽、用之不竭的财富；人类与自然界的和谐发展，是要求人们以循环经济模式作为经济发展的基本模式，建设节约型社会；人类与自然界的和谐发展，还要求人类自觉保持生物的多样性，使这个世界和人类自身的生活丰富多彩。

第二，当代人和后代人发展机会的公平。人类需要一定的生存条件，后代子孙同样也需要生存条件。由于人口膨胀、资源枯竭以及环境恶化已严重制约经济和社会的发展，人类的生存和发展正面临着严峻的挑战。人类必须努力寻求一条人口、经济、社会、环境和资源相互协调，既能满足当代人的需要又不对后代人的需求构成威胁的发展道路。

（二）区域可持续发展的依据与内涵

1. 区域可持续发展的依据

区域可持续发展提出的基本依据如下。

第一，资源角度。区域可持续发展是合理利用自然资源、注重资源使用效率、加快区域经济发展的重要战略思路。每一个区域的土地、能源和矿产资源等都是有限的，资源短缺局面的出现，会使经济发展受到严重的制约。区域可持续发展思想的提出，就是要有效解决资源利用与区域发展的矛盾。

第二，环境角度。区域可持续发展提出的一个重要依据是区域的环境问题。区域的生态环境随着区域经济的发展而受到影响。在我国，区域经济发展对生态环境产生的压力很大，如环境污染、生态恶化、水土流失、沙漠侵蚀等，这些压力已经成为区域经济发展的重要制约因素。区域可持续发展思想的提出，是强调区域经济满足人们对经济发展和生态环境的双重需求两者都不可偏废。

第三，社会角度。区域可持续发展是以建设一个公平和发展为标志的和谐区域为目的的，人类的文化会由此得到极大保护和弘扬，每一个居民的自身价值都可以得到实现。在我国，区域发展的差距日益加大，城市社会与农村社会的贫富差距日益加大，社会公平发展面临考验。区域可持续发展思想的提出，强调了均衡发展是区域发展的终极目标。

2. 区域可持续发展的内涵解析

区域可持续发展的内涵，即在区域空间范围内，以合理利用自然和社会资源为基础，以推动区域经济增长为手段，以解决环境问题为途径，以建设和谐区域为目标，实现国家所有区域的科学、合理、持久、安全和协调发展。因此，区域可持续发展具体包括以下几个方面。

第一，区域可持续发展是现实发展与长期发展的统一。区域可持续发展必须兼顾区域发展的近期目标与长远目标、近期利益与长远利益，以实现经济、人口、资源、环境的全面协调发展。

第二，区域可持续发展要兼顾区域经济的发展和区域社会的进步。区域经济发展是社会发展的动力，兼顾经济发展和社会进步，要加大居民对区域发展的参与度，要依靠科技进步和人素质的不断提高实现。

第三，区域可持续发展要注重生态环境的保护。自然生态环境是人类生存与发展的基础，如果对这些资源环境进行破坏和污染而使其恶化，区域终将无法持续发展。因此，要强化全体居民的环境保护意识，要保持人口对环境的压力不能过大，资本对土地的压力不能过大。

第四，区域可持续发展要保证所有区域的平等发展权利。国家必须解决好资源在各区域之间的合理分配，使每个区域都拥有协调发展的基本条件。

第四节　区域经济发展理念与发展战略变化

区域经济发展是国民经济发展的重要组成部分，贯穿经济社会发展的始终。在不同的历史时期，根据国内外发展形势，我国提出了不同的区域发展理念，实施了差异化的区域发展战略，以促进区域经济发展。在经济新常态背景下，我国树立了创新、协调、绿色、开放、共享的新发展理念，从这五个维度来实施全新的区域经济发展战略，重塑区域经济发展格局，有利于转变经济发展方式和实现“两个一百年”奋斗目标。

一、区域经济发展的新理念变化

（一）创新理念

创新理念解决的是经济发展动力问题。长期以来，我国“要素驱动型”区域经济发展模式存在三个问题：一是人口红利消失导致要素禀赋结构变化，经济发展处于下行趋势，我国能否挖掘增长潜力和实现动能转换？二是我国凭借劳动力比较优势嵌入全球价值链，但囿于劳动密集型低端环节路径依赖而导致产品品质、技术复杂度、贸易附加值等难以得到提升，我国能否跨越“中等收入陷阱”？三是自然资源因长期过度开发面临匮乏与耗竭，这成为经济发展的“瓶颈”，我国能否破解这一难题来夯实经济发展基础？解决以上问题的“关键之钥”就在于创新。通过创新，提高企业自主创新能力，使之内生于我国经济增长；提高产品附加值，持续增加国民收入；拓宽资源开发的深度和广度，实现自然资源可持续利用，探求资源替代品。综上所述，创新驱动发展有利于区域经济的提质与增效。

（二）协调理念

协调理念解决的是经济发展结构问题。自改革开放以来，东部地区的快速发展支撑了我国经济高速增长 40 多年。沿海地区（河北、广西、海南除外）达到高收入地区的水平，但广大内陆地区仍然处于中低收入水平。经济落后区域产业基础较为薄弱，却具有劳动力、生态环境等后发优势，可通过产业梯度有序转入，带动技术、人才、劳动力等生产要素在更大空间范围内实现有效配置，形成区域间分工合理、功能互补的产业空间布局，从而实现区域经济协调发展。

（三）绿色理念

绿色理念解决的是经济发展方式问题。由于长期以来，我国实行高投入、高消耗、高污染的粗放型经济发展方式，不仅造成了能源资源日趋枯竭，还造成了空气、土壤、水体等严重污染。中西部在加快发展的战略指导下，引进东部产业的同时，资源消耗过多、环境污染破坏问题日趋严重。随着经济发展阶段性变化、社会环境治理能力日益提升以及优质生态环境需求不断增长，人们越来越关注生态环境保护。绿水青山就是金山银山，已成为我国生态优先、绿色发展的坚定理念，并创造了举世瞩目的生态奇迹和绿色发展奇迹。

（四）开放理念

改革开放的实践表明，我国经济已经深度融入世界经济，我国的发展离不开世界，世界的发展也离不开我国，我国与世界已经形成了相互依存、协同共进的利益共同体和命运共同体。开放发展不是对过去做法的简单重复，而是以新思路、新举措在更大范围实现资源优化配置，促进国际资本在更大空间流动，发展更高水平、更高层次的开放型经济。

（五）共享理念

共享理念解决的是经济发展公平问题。经济社会发展的最终目标是人民能否共享改革发展成果。随着我国经济持续发展，坚持和发展社会主义事业，不但要依靠人民创造强大的物质基础，而且要将财富惠及全体人民，使人民有更多的获得感。当前，无论是广大农村地区还是老少边远地区其资源条件、生态环境、民族文化、经济结构等方面都在共享理念下，获得了巨大的发展。

二、区域经济发展的新战略解读

发展理念影响着发展战略，发展理念发生了变化，发展战略就要随之进行调整。新发展理念呼唤新的区域经济发展战略。为此，国家采取了一系列新的政策措施，如以区域创新发展战略促进经济提质增效，以区域协调发展战略打造经济新增长点等来发展区域经济。

（一）区域创新发展战略：促进经济提质增效

依靠创新发展战略提高全要素生产效率，促进区域产业结构优化升级，提高经济发展质量和效益，是今后我国优化区域竞争格局、促进区域协调发展的关键。世界各国均加大创新投入力度，挖掘发展潜力，抢占新一轮技术革新高地和技术变革新机遇。面对这一新态势，我国致力于创新发展。创新包括理论创新、制度创新、科技创新、文化创新、管理创新、知识创新等，对于区域经济发展而言，技术创新、制度创新尤为重要。

技术创新是区域经济发展的重要抓手，要坚持“分级、分层、分类”的科技创新驱动区域协调发展的思路。“分级”是指现有的东、中、西的技术梯度；“分层”是指大、中、小城市的科技创新能力差异；“分类”是指按照科技资源特点分类提升具有本地特色的科技创新能力，而不是盲目追求科技创新能力的均质化和同质化。另外，在全国开展全面系统的创新改革试验，搭建若干具有示范带动作用的区域性改革创新平台，统筹产业链、创新链、资金链和政策链，形成“发达地区科技发源地 + 欠发达地区成果转化地 + 落后地区产品生产地”的区域科技创新分工体系。①

制度创新是区域经济发展的重要推动力，以制度变迁来破除区域发展中的体制机制约束，释放改革红利。为此，要直面区域发展中存在的制度缺陷，改革区域管理制度，完善区域发展政策。具体可这样做：首先，组建区域开发机构，集中解决区域协调发展过程中出现的各种问题，负责区域协调发展政策的制定、落实、推进、监督和改进，处理好“谁管、管谁、咋管、管效”等“四管”问题。其次，制定“区域管理法”，明确规定区域协调发展执行主体、禁止行为等，把区域发展纳入法治化轨道，使政府做到“法无授权不可为”，企业则是“法无禁止即可为”。最后，建立以类型区为导向的区域发展政策体系。为了打破多年来区域发展战略的行政区划限制，破除地方性规划过于碎片化，精准把握区域板块特点，细化区域政策指导的空间范围，增强区域政策的针对性和有效性，应该逐步建立以类型特点为衡量标准的区域政策体系，在此基础上，建立和健全横向转移支付机制。

（二）区域协调发展战略：打造经济新增长点

21 世纪以来，我国区域协调发展取得显著进步，但风云变幻的国际形势倒逼

① 唐丽君．区域经济发展研究 [M]. 成都：电子科技大学出版社，2016.

我国加快区域协调的步伐，为经济中高速发展作出贡献。而要实现经济中高速度发展，具体可这样做。

首先，深入实施“四大板块”区域发展总体战略。在深化西部大开发方面，应该进一步提高基础设施水平，大力发展特色优势产业，继续强化生态环境保护，提高开放型经济水平；在推动东北振兴方面，需要加快市场取向的体制机制改革，积极推动结构调整，大力开展和积极鼓励创业创新，加快发展现代化大农业，支持资源型城市转型发展，深入推进国资国企改革；在促进中部崛起方面，需要推动城镇化与产业支撑、人口集聚有机结合，加快建设贯通南北、连接东西的现代立体交通体系和现代物流体系，有序承接产业转移，推进生态经济带建设；在支持东部率先发展方面，需要加快推进创新驱动发展转型、产业升级和建立全方位开放型经济体系，以更好辐射带动其他地区。

其次，重点推进“三大经济支撑带”。“一带一路”倡议强调合作共赢，既打通了国际合作通道，又为我国西部和南方带来更多的发展机会，使处于不同经济发展水平的东、中、西实现了协调发展。京津冀协同发展的重点是调整经济结构和优化城市空间布局，有序疏解北京的非首都功能，积极推进产业、交通、生态三个重点领域率先突破，建设以首都为核心的世界级城市群，增强对环渤海地区和北方腹地的辐射带动作用，以平衡南北方发展。长江经济带则利用横贯东西、辐射南北的优势，形成上、中、下游优势互补、协作互动格局，从而缩小东、中、西部发展差距；打破行政分割和市场壁垒，推动经济要素有序自由流动、资源高效配置、市场统一融合，着力推动“三大工程”（生态环保、综合交通、产业优化）和“三大制度”（区域协商制度、长江流域合作管理制度、负面清单管理制度）建设，以实现与珠三角、京津冀地区的联动发展。

（三）区域绿色发展战略：探索经济发展新模式

加快主体功能区建设，是实施区域绿色发展、建设美丽中国的重大举措。2011年6月，国务院发布了《全国主体功能区规划》，根据各区域的资源环境承载能力、现有开放密度和发展潜力，将整个国土空间划分为优化开发、重点开发、限制开发和禁止开发四类主体功能区。根据功能区定位调整区域发展战略，逐步形成人口、经济、资源环境相协调的空间开发格局，充分体现了生态优先的发展理念。为了推动主体功能区建设，2015年7月，原环保部、国家发展和改革委员会联合发布《关于贯彻实施国家主体功能区环境政策的若干意见》，明确各功能区的重点领域，将环境评估、环境功能区与主体功能区建设相融合，促进主体功能区环境政策落地，为推动主体功能区布局奠定了制度基础。为了进一步完善主体功能区的制度体系，切实加快主体功能区建设，2016 年 10 月，国家发展和改革委员会印发《重点生态功能区产业准入负面清单编制实施办法》。该办法规定，各类主体功能区依据资源禀赋和产业优势，实施具有地方特色的差异性产业政策，出台重点产业布局和产业转移指导目录；探索制定产业项目负面清单，明确限制和禁止类产业；建立健全负面清单实施情况监督检查和问责惩戒机制；建立与重点生态功能区动态调整、配套激励奖惩政策衔接与挂钩的协调机制。2024 年 1 月，自然资源部发布《主体功能区优化完善技术指南》以资源环境承载能力和国土空间开发室适宜性评价为基础，立足区域比较优势，开展主体定位综合评定，将“三条控制线”面积及占比纳入指标体系，作为各功能区优势度评估的重要因素，分别对县区的农业功能优势度、生态功能优势度、城镇功能优势度进行评估，并对原主体功能定位符合性进行判断，识别出需要优化调整的县区，更好匹配资源环境承载能力，支持构建新发展格局，促进高质量发展。

（四）区域开放发展战略：拓展经济发展新空间

自贸试验区战略是我国新一轮对外开放的重要举措。该战略以制度创新为核心，一方面引领开放，创造开放红利。通过探索和对接更高标准的国际贸易规制、优化软环境全方位融入世界经济中，建设高水平的开放型经济体制，实现以对外开放的主动赢得国际竞争的主动；另一方面倒逼改革，激发改革红利。以贸易便利化为切入口，向投资促进、金融创新、政府职能转变、新兴产业与新兴业态先行先试等领域深入推进，保持经济持续发展。为了进一步彰显自贸试验区带动区域经济发展的重要平台功能，我国自贸试验区建设迈入 3.0 时代。继 2013 年 9 月上海成立我国首家自贸试验区之后，2014 年 12 月广东、天津、福建被批准成为我国第二批自贸试验区，实现了我国自贸试验区在东部沿海地区从南到北的区域布局。时隔 20 个月，2016 年 8 月第三批自贸试验区诞生，包括辽宁、浙江、河南、湖北、重庆、四川、陕西共 7 个自贸试验区。截至 2023 年 9 月，我国先后设定了 21 个自贸试验区，形成了覆盖东西南北中，统筹沿海、内陆沿边的改革开放创新格局。

总之，在众多区域经济发展战略推动下，各区域充分调动发展的积极性和自主性，积极发挥各自的比较优势，初步形成了从南到北、由东至西的区域经济发展新格局。

第五节　旅游开发对区域经济产生的影响

一、旅游对区域经济产生的影响

旅游业可以帮助区域增加外汇收入。旅游活动可以实现风景就地出口以及不出国门的劳务出口。在改革开放之初，我国推出入境旅游的目的就是获取当时十分紧缺的外汇，旅游对区域经济的主要影响在于旅游创造区域经济收入，吸引外来资金，开拓税源，完善经济结构，促进区域经济多元化，实现“一业带百业”。旅游活动为区域经济的发展提供了助力，同时也埋下了隐患，旅游的经济成本鲜为人知。地区经济过分依赖旅游，有可能造成区域经济的过分单一化和脆弱性，不利于旅游的可持续发展。①

二、旅游活动中经济乘数与漏损对区域经济的影响

旅游收入在区域内流转的过程中，对区域经济产生了正面和负面的影响，即乘数和漏损。乘数效应，即旅游收入在区域内的形成与流转能够给区域经济带来的实际增长。由于目的地各经济部门是互相依赖的，经济结构中的各个部门在供需上形成关联。因此，旅游在地方经济所有部门创造的效益越大乘数越高，而漏损是指旅游收入在流转过程中移出旅游地经济系统的现象。

旅游乘数的大小取决于目的地经济各部门的彼此依赖性。该地区进口倾向越高，区外资金漏损越大，乘数也就越小。总之，经济基础越小，该地区的自足能力就越差，许多旅游支出就会在区域外重新消费，导致经济乘数偏低。

三、谨慎使用经济乘数

即使乘数解释了旅游对经济产生的巨大影响，但是过分运用乘数对旅游进行

① 马潇，韩英．旅游景区开发与区域经济发展 [M]. 太原：山西经济出版社，2022.

研究和夸大也是危险的。因而，在使用经济乘数时，要注意以下两点。

第一，旅游经济有乘数效应，这不是旅游业独有的特性，不能以此来排斥其他经济活动的乘数效应。用乘数效应来说明在一个存在资源闲置的经济中，投资、外贸、开支等会怎样影响产出和就业。应该先研究机会成本、替代成本等问题，而乘数的数值通常是具体的、动态的。

第二，乘数大并不意味着经济贡献大。按照乘数计算的公式，降低旅游从业人员的薪酬水平，边际消费倾向增大，乘数相应增大。控制旅游企业规模，降低劳动生产率也能提高乘数，但是这些手段显然不是旅游产业要实现的目标。

严格来说，乘数模型始终是宏观经济分析的工具，它不考虑经济活动的细节，很难决定对区域经济影响的大小。因此，不应机械地用乘数模型研究区域旅游开发。

四、加强旅游对经济的积极影响，削弱消极影响的措施

规划是对未来期望状态和如何实现这些状态的决策过程，因此，应该是对不断变化的机遇和影响的解决途径。如果有更多的旅游者到访，当地居民就会获得更多的利益。然而，许多实例证明，这并不是事实。我们必须关注旅游类型、旅游者类型以及协助当地人参与旅游的手段，诸如通过教育和培训项目、鼓励地方创业、提供更容易获得的资本贷款等。不能认为地方仅以某种“渗透机制”协调利益分配体制就可以缓解旅游对经济的负面影响。宣传营销与引导旅游者，教育游客如何选择合适的假期，让游客掌握更多准确的信息，在有限的压力，不确定性和风险下获得最大的快乐；对乘数进行纵向比较，注意加强其经济结构内部的联系。地方旅游设施的当地所有权和管理程度越高，从旅游支出中获得的直接收益越大。把旅游开发作为区域经济发展的重要手段无可厚非，但是过分炒作旅游经济效应，便是一种短时开发的表现，并不利于旅游长期可持续发展。

第七章　康养旅游与地区经济发展策略

第一节　地区旅游经济发展和传统文化的融合

一、传统文化在区域旅游经济发展中的作用与影响

（一）传统文化的特点

我国民俗文化呈现百花齐放的特点，不同区域有不同的民俗习惯与特点，因此区域旅游产业的发展方式也不尽相同。随着传统文化的发展，区域旅游经营方式也有相应的特点。例如在云贵地区，少数民族众多，不同民族的生活方式会有很大的不同。游客在旅游过程中，因为对传统文化产生了极大的兴趣，这时区域旅游带来的种种衍生产品就能更好地被游客接纳。比如民族文化展、民俗文化表演等，会吸引很多的游客加入其中，由此带来巨大的经济收益。在云贵地区旅游业发展时，会将传统文化通过文化表演的方式展现出来，形成很多优秀的作品，如《云南印象》等，将传统民族文化通过各种形式表现出来，在一定程度上多角度地促进地区经济的发展，加强该地区与全国乃至全世界各地的广泛联系。

（二）区域旅游经济发展前景

旅游业展现了经济发展的趋势，成为经济发展的风向标。当旅游业展现蒸蒸日上的发展趋势时，就说明整体国民经济发展形势也是良好向上的；当旅游业发展萎靡时，就一定会影响经济的发展，并且在国民生活水平上展现出来。旅游业是国民经济的重要组成部分，对一个国家或地区经济增长具有重要的贡献作用，旅游业综合贡献占GDP总量大小是社会经济发展与产业结构观察的重要指标。因此，应制定多种政策来支持旅游经济的发展。

二、区域旅游经济发展和传统文化面临的问题

（一）融合理念的创新制约

在区域旅游和传统文化的融合发展中，需要从理念上进行变革，因为两者在融合时涉及的问题有很多，如果缺乏理念上的创新就会导致整合时的力度掌握不足，不能很好地开展交流，在管理上也缺乏效率。不同地区要因地制宜地制定融合的方法与策略，在与旅游业进行融合时，不能只重视追求经济指数的增长，更要重视对环境的保护。“绿水青山就是金山银山。”只有很好地完成环境保护工作，才能使地区旅游业持久发展。另外，在文化输出时，也要注意对文化进行筛选与过滤，选择最能够代表地区特点与发展方向的文化进行输出，这样才会吸引游客的关注，保证区域旅游行业的良性发展。目前有很多地区盲目发展旅游业，没有做好规划，大肆修建建筑物，劳民伤财不说，文化融合的作用也没有发挥出来，违背了可持续发展的理念。

（二）缺乏旅游与传统文化复合人才的支撑

地区旅游经济要更好地发展，对于人才的要求也在不断提升。旅游与传统文化的融合需要大量的专业人才和复合人才，目前出现的情况是人才匮乏，这在我国各个区域的旅游经济发展中都有体现。随着社会经济的发展，对于旅游行业，相应的高科技人才、历史考古人才、经营管理人才需求量越来越大，同时也需要建立相应的人才培养机制，保证从业人员能力的提升。区域旅游经济的发展，不仅需要对旅游行业熟悉，精通的人才，还需要懂管理、会经营、知历史的复合型人才的支撑。如果人才准备不足，那么必定会出现融合深度不够、地区旅游优势发挥不充分的情况，最终达不到理想的融合效果。

（三）相关服务需要进一步完善

区域旅游经济要更好地发展，在逐步实施过程中要逐渐加大对公共服务体系建设的投入。如果不能够建设良性循环的公共服务体系，就会给基础设施的建设带来极大的影响，同时基础设施建立的遗留问题也会对上层的文化融合产生影响。结合我国旅游业发展现状，基本的服务体系已经建立完成，游客的出行能够得到很好的保障。通过对我国一些特色文化旅游地区进行调研发现，到这类地区旅游的游客一般受教育程度比较高，对历史和民俗文化比较感兴趣。因此，对此类游

客进行服务时要更有针对性，要提供个性化的服务，激发他们的旅游热情，这才能展现传统文化赋能区域旅游经济的优势。

为了让游客能有更好的服务质量和服务体验，需要建立以游客为中心的旅游服务质量评价体系，促进旅游行业服务质量和管理水平不断提高。服务体系建立的过程也是品牌形象建立的过程，游客在旅程中无论是交通、饮食、住宿等得到满足的同时，还能满足精神体验，在传统文化氛围的营造下，吸引游客驻足。

三、传统文化赋能旅游经济发展的动力机制

传统文化赋能旅游经济发展要从动力机制上入手，需求拉动市场，市场拉动供给，最终由供给产生产值。

（一）政府的调控动力机制

在政府层面上进行调控能产生直接效果。政府通过拉动投资、人才梯度建设、规划落实大型展览和博览会等方式，助力传统文化对区域旅游业发展的加持。政府的调控政策是宏观的，分阶段按步骤逐步进行资源投放，明确旅游经济发展的核心目标。调控机制主要体现在两个方式：一是基础设施和公共服务体系的建设；二是通过举办大型活动，如展览和博览会的方式，建立大型的文化产业和文化项目，这些都会加快文化旅游的建设，让文化旅游的发展进入快车道。

政府会以人才体制建设的方式优化文化旅游的内涵与方式。文化发展的根本是文化人才的培养，更多的传统文化传播者从事旅游业会使其发展更迅速。人才的培养方式应根据旅游业发展的需要进行动态的调整，为了提升从业者的积极性，需要建立激励和评估机制，培养行业的领军人物、非物质文化继承人等，这样才能有效地激活传统文化赋能下的旅游经济发展。

近年来，我国的传统文化不仅在国内受到关注，文化旅游更是在全球范围内引起新的时尚潮。通过举办相应的活动能够为民族文化的传播与发扬提供平台，传播文化的同时也发展了旅游业，将旅游市场扩展到国外，这必然给地区旅游经济发展创造了新的机会。

（二）市场的资源配置动力机制

市场的资源配置动力机制，主要体现在市场环境下价格波动影响的传统文化资源在旅游业中的分配与管理，合理化的分配可促进旅游经济发展的机制。需要

注意的是，在实际的配置过程中，在合理劳动力的基础上利用技术和管理手段提高资本收益。在我国的很多地区，传统文化旅游发展的背景下，需要大量的劳动力，很多农村的劳动力由务农转为围绕旅游发展的劳动力。另外，在旅游经济发展中也产生了多种的劳动合作方式，我国大部分传统文化传承地在地理位置上都是远离中心城市的，所以在资源配置方面会有很多的困难需要解决，地方政府在市场配置机制方面还需要深入调研，推动区域市场资源配置进一步完善。

（三）国际资源拉动动力机制

国际资源拉动动力机制是指通过跨国企业进行民族文化的发展与传播，对我国周边国家大力宣传边境旅游，吸引更多的外国游客来中国旅游。需要注意的是，跨国资源拉动的前提是文化产业的发展。例如，广西地区是我国与东盟临近的少数民族聚集区，具有较好的地缘优势，这为边境旅游发展提供了一个开放式的运作模式。通过大力发展和开发跨国文化产业，能够拉动旅游产业的繁荣发展，提升当地少数民族群众主体与世界接轨的能力，带动民族地区旅游国际化的发展，实现经济增长。

四、区域旅游经济发展和传统文化融合发展途径

（一）不断创新理念，实现目标融合

在地区旅游经济发展的历程中，文化传播一直起到非常重要的作用，文化是宣传地区旅游的第一要素。游客逐渐对地区传统文化有了更深入的认识和理解，所以文化和旅游二者的发展相辅相成、缺一不可。旅游业的逐步发展必然给地区经济带来很多增长点，如交通业、制造业和餐饮业等，都会使该地区的经济增长展现新的活力。地区旅游经济发展还需要进一步贯彻“协同发展”的理念。旅游业的快速扩张必然会带来新的挑战，需要管理层自上而下、由浅入深进行详细规划，处理发展中产生的种种问题，让区域旅游业的发展更为持久，区域公众共享发展的成果。传统文化的融入能够为区域旅游经济注入新的活力，在发展旅游经济的同时传承文化，很多具有悠久历史的非物质文化遗产受到公众的关注，使文化更好地得到传承。①

① 孙悦涵．浅析区域旅游经济发展和传统文化的融合 [J]. 现代营销（上旬刊），2023（3）：92–94.

在区域旅游经济发展中要注重以人为本的发展理念，虽然经济增长是至关重要的，但不能忽视文化的传承、区域的协同发展，应加强区域环境保护与安全体系建设。只有协同发展才能使旅游经济发展展现不竭动力。在传统文化和区域旅游经济发展过程中，必须考虑人文习俗、历史建筑等因素。要把握好旅游经济发展的特点，注重游客的体验，不能对该区域常住居民的生活产生不良影响，在政策的制定过程中要考虑人民群众生活的便利性。

（二）强化复合型人才队伍建设，助推人才融合

区域旅游经济发展与传统文化的融合能够成功落地的一个重要因素就是人才，人才是推进实践的主力军。在探讨二者融合的过程中，需要在规划阶段就提出人才需求，避免在实践过程中才会发现人才的缺乏，导致人才储备不足、培养能力缺乏等问题，这些问题会对融合的进度和效果产生极大影响。区域旅游经济发展和传统文化的发展需要的是复合型人才。人才队伍的建设要与其他准备工作同期开始，具体可以从多个角度落实，包括复合型人才的引进，可以与高校进行合作。高校是人才培养的重要场所，高校可以开设与旅游、文化、历史、民俗相关的课程，让学生在学习阶段储备相应的理论知识，工作后就能更好地适应工作节奏和工作任务；对于已经从业的相关人员可以开展定期的培训、交流，为从业人员提供多种学习平台，提高从业人员的理论素养。另外，还可以培养专业带头人，通过“老带新”的方式，建立人才梯度团队，不断壮大队伍的规模，让区域旅游和传统文化更好地结合。

五、区域旅游经济发展和传统文化融合建设要点

（一）完善公共服务，推动服务融合

公共服务大致分为公益性服务、差异化服务和附加服务三种。

公益性服务是区域旅游发展的基础性服务，也可称为必备性服务。公益性服务需要政府大力支持，无论是基础设施的建立，还是资源的统筹规划，都需要有效调度。在公共服务设施建设过程中，将传统文化元素融入其中，这样会更具地方特色，更具优势，再配合有力的新媒体宣传，如公众号、抖音等，就会打造新的旅游经济发展前景，也为旅游发展与传统文化融合奠定良好的基础。

对于差异化服务来说，在区域经济旅游发展和传统文化融合过程中，在基础

服务配备的基础上，还要考虑游客的多样化需求，针对不同的游客进行个性化服务，这种差异化的服务是提升游客体验感和认可度的重要方式。

另外一种服务形式是附加服务，附加服务是旅游行业在传统文化加持下提升品牌形象、提高市场竞争力的重要方式。在旅游的发展中离不开交通、住宿、餐饮、购物等重要环节，在这些环节中注重传统文化的融入，能够提升品牌竞争力。政府要把握好附加服务的服务标准，对于服务内容也要进行监管与引导，出台相应的管理办法，商户和景区要认真执行和贯彻落实。

（二）推动信息化服务平台建设

通过数字化、信息化手段辅助传统文化和区域旅游经济的发展是十分必要的。信息化服务平台应帮助处理旅游业发展中的种种管理痛点，让更多的业务实现线上化，方便管理人员使用。对于游客来说，可通过信息化平台了解旅游区域发展的情况，如景区的基础信息查询、景点推荐、线上购物、线上购票等，都能为旅客出行带来极大的方便。同时，要利用好新媒体平台，如微信公众号、抖音账号、小红书账号的推荐，将会对区域旅游业发展起到推广作用。

第二节　地区旅游经济发展面临的问题与对策

一、地区旅游经济发展面临的问题

地区旅游经济的发展与各项举措的贯彻落实息息相关，立足于实际，不难看出，地区旅游经济的发展仍然面临诸多问题，具体来说，主要表现在以下几个方面。

第一，人们对于地方旅游产业的发展认识有所欠缺。地区旅游经济的发展形态处于变动的形势之下，促进其发展进步需及时进行思想理念的转变。但现实情况是人们对旅游市场的经济发展规律缺乏深层次的把握，针对发展过程中面临的突发问题，未能及时给出良好的发展思路，也未能提出适宜的发展举措，导致现有的旅游市场资源无法得到良好的运用。加之，旅游产业的发展需要获得政府的支持，更需要完备的招商旅游政策作为引导，由于长期受到局限化市场思维的干扰，并采取影响性较弱的宣传模式，导致社会资本利用率较低，无法达到预期的经营发展效果。

第二，旅游基础设施有待优化，服务水平有待提高。站在广大游客的角度上来看，他们之所以愿意花费时间和金钱外出旅行，一方面是为了欣赏优美的景色，另一方面是为了放松心情，如果旅游产业周边的交通设施情况或配套的基础设施缺乏完备性，游客无法获得高品质的公共服务，那么其心理需求的满足度就会有所降低，旅游品牌受认可的程度将无法得到保障。部分旅游景区希望通过减少经济投入的方式达到提高经济收益的目的，甚至完全依赖于自然景观谋求收益，导致旅游业长期处在传统、落后的发展模式下。但短期收益不等于长期发展，不主动优化旅游配套设施，不提高旅游产业自然景观综合保护水平，必然在极大程度上阻碍地区旅游经济综合发展水平。

第三，旅游产业长期面临信息服务不畅、资源整合不足等问题。由于旅游产业内部环境较为复杂，人们日益提高的精神层次需求又对于旅游产业的综合水平提出了较高的要求，旅游产业需要通过信息交互和共享协调供给与需求之间的关系。但现实情况是旅游服务信息的交互受到诸多局限，例如，许多旅游者在去往旅游产业旅游时并不知道旅游咨询服务中心的存在，在真正需要获得帮助时，只能通过网络平台或其他渠道获得单一的通信方式，无法获得直接有效的帮助。旅游产业内部未建立起完备的咨询服务系统，导致服务低效问题始终得不到解决。不仅如此，旅游产业的长远发展还需要与交通、卫生、通信等部门建立良好的合作关系，但由于各部门未能形成一体化的协作结构，直接导致了旅游产业公共服务和供给产品的质量低下，在一定程度上阻塞了地区旅游经济的发展之路。

第四，地方旅游产业目前把控的招商引资项目相对匮乏。旅游产业为建立起联动的发展机制，开拓的旅游线路较为单一，搭配的旅游产品质量也缺乏创新性，景区的特色不够显著，无法达到游客的预期。特色餐饮、特色住宿等配套项目开发的力度较小，旅游项目以观赏类项目为主，可供游客选择的体验性项目、感知类项目等数量却极为匮乏，许多景区的生命力只体现在特定的时间段中，在旅游热潮来袭时，一票难求，而在旅游低潮来袭时，甚至入不敷出。

二、地区旅游经济的优化发展对策

在国民经济发展水平飞速进步的时代背景下，促进地方旅游经济的发展能够为地区综合建设水平的提高创造有利的条件，而地区总体发展水平的进步又会反作用于地区旅游经济的发展。积极促进地方旅游经济的优化发展，并不只是为了赢得更高的地区收益，更是为了挖掘风景名胜资源的潜在价值，促进地方的可持续发展，同时激发人们保护旅游产业、促进旅游产业发展的意识。针对上文提及的地方旅游经济在发展过程中面临的问题，应当及时挖掘导致此类问题的根本原因，从而寻求有效的发展策略。具体来说，可以从以下几个方面着手。

（一）促进旅游产业改革水平提升

地区旅游经济的发展是关乎当地建设、民生发展的重要问题。旅游业的发展如同打开了一扇地区旅游经济对外发展的窗口。旅游产业的发展需要秉持与时俱进的思维，更需要兼顾游客的旅游思维倾向，以旅游产业发展促进地方旅游经济发展水平提高，需要大力促进旅游产业的改革和发展，以达到更高的发展层次。

首先，应当重点加强产业发展过程中的体制机制改革，开拓全域化的旅游建设系统，形成全面一体化的旅游组织框架，并与旅游投诉中心等管理组织架构起通畅的信息系统，以便在游客需要获得帮助时能够获得各方的支持。倡导诚信经营的发展模式，坚决杜绝随意定价、商业欺诈等行为的出现，营造良好的景点口碑，为地方旅游业的良性发展奠定坚实的基础。[①]

其次，明确进行权责划分，提高目标责任改革标准，引导旅游业的从业人员真正做到从思想层面上予以旅游改革发展足够的认识，将地区旅游经济发展涉及的各项工作进行拆解和细分，落实到各个责任人身上。同时，还需要适当提高招收旅游行业人员的门槛，定期组织工作人员参与专业技能培训中，增强其责任意识和服务意识，并完善相应的管理机构，必要时采取激励与惩罚相结合的方式规范旅游业服务人员行为。改进督查改革体系，明确旅游景区在各个发展阶段中需要达到的发展目标和需要完成的工作任务，对于旅游景区中的重点旅游项目采取现场督办的方式予以贯彻落实。

最后，秉持统筹兼顾、开放共享的发展理念。为了牢牢把握这一机遇，地区需要营造积极向上的旅游服务氛围，坚持开放共享、统筹兼顾的发展原则，运用大数据技术、“互联网 +”等形成智慧旅游系统，提高公共服务信息的交互与共享效率，开创全域旅游体系，以个别景点发展带动当地综合经济水平的进步，凝聚创新发展力量，达到实现旅游业提质增效的目的。

① 张婕．地区旅游经济发展面临的问题与对策研究 [J]. 全国流通经济，2022（24）：122–125.

（二）完善周边旅游基础设施建设

游客们外出旅行相当于换了一个地方开启短暂的生活，旅途中的衣、食、住、行都影响着整体的旅行感受。因此，大力促进旅游经济的发展不仅需要提升旅游经济的发展层次，更需要大力促进周边旅游基础设施的完善。

首先，帮助游客解决吃、住两大基本问题。与能够达到相应服务标准和卫生标准的宾馆与餐馆建立合作关系，将市场化的运营方式融入住宿餐饮经营管理体系内，必要时在景区内建立景区超市，适当地压缩和精简组织管理机构，使吃住规模和层次达到更高的标准，采取新型管理模式，建立全新的管理系统。

其次，帮助游客解决出行问题。围绕景区这个核心交通枢纽开辟便捷出行路线，加强旅游景区与出租车公司、公交公司、火车站、机场之间的通力合作，让游客无须再为怎样出行而担忧。同时，设立旅游观光线路，将当地的旅游景点有机联系在一起，达到景区与景区之间的无缝交互对接。

最后，开发景点的娱乐化功能或建立娱乐化产业。打造休闲娱乐的聚集地，让游客通过一次出行同时满足旅行、购物和娱乐三个方面的需求。根据景点的特征挖掘其他方面的社会性功能，例如教育性、康复性、休闲性、探索性功能，促进整体产业结构的优化升级。

（三）形成一体化的旅游服务体系

首先，应当立足于当地旅游公共服务发展现状，致力于形成旅游公共服务供给的新格局，建立健全景区内的旅游安全管理机制，主动倾听游客心声，了解游客的实质性需求，在必要时可以采取问卷调查等方式，获得游客的旅行反馈。同时，合理设置服务点，尽可能为广大游客提供精准、可靠、细致的旅游公共服务。

其次，有效提升景点公共服务质量，以政府为主导，协调其他部门共同参与旅游公共服务体系建设的进程中，提高游客的满意度，树立良好的景点形象。以满足游客在旅行中最基本的吃、游、行、玩等需求为切入点，做好景区周边的公共交通建设、增加公共厕所等基础设施的数量、加强对于景区内服务人员的素质培养、构建便捷的旅游专线等。除此之外，还需将景点自身的发展与提高地方产业发展能力相结合，借助地方现有的资源优势，建立完备的产业集群体系，挖掘经济产业的内在潜力，力求摆脱景点面临的发展“瓶颈”，做到让游客满意，并为其他产业的发展提供帮助。

最后，逐步实现促进地方旅游业可持续发展目标。地方旅游经济的发展需要倡导绿色、环保的发展规划，旅游景区需要协调好景区保护与景区开发之间的关系，突破传统的规划理念的束缚，合理地进行发展分区。在景区开发工作开展的过程中，贯彻落实生态文明的发展理念，有针对性地进行景区内部游览服务设施的规划布局，提高景区内部空间的利用率，加大景区内部资源的保护力度。同时，将环境保护视为一项常态化的工作，树立“绿色服务”的理念，以保护为基础，以开发为方式，建立旅游产业与地方环保发展相协调的良性发展机制。

（四）延伸旅游信息及服务的链条

传统的景区规划与发展模式越来越无法满足广大游客的需求，考虑到旅游景区不仅具备游乐休闲、生态保护等功能，同时也兼具文化传承、科学研究、和谐发展等重要价值，如果只关注国家级风景名胜区具备的旅游功能，而忽视了其他功能对于地区旅游经济发展产生的促进作用，则可能适得其反，阻碍地区旅游业的发展。

首先，针对国家级风景名胜区中的历史遗存，应当重点加强保护，坚决不允许进行拆除和扩建，在条件允许的情况下，站在维护历史环境和保护历史风貌的角度上，加强修复。顺应国务院的发展要求，建立风景名胜区特殊经营制度，构建风景名胜区特殊经营管理办法，并严格按照制度和办法的要求严抓管理，以景区的发展带动周边区域民众和社会发展水平的同步进步。

其次，勾画特色旅游符号，建立旅游产业与地方现有的其他产业之间的联系。例如，将旅游业与农业相结合，促进观光农业发展，让游客有机会通过农事体验获得心理上的放松；将旅游业与体育业相结合，规划体育项目，开办各类赛事活动，让游客在旅行的过程中也能够获得锻炼的机会；将旅游业与文化产业相结合，让旅游业能够在文化产业的点缀下形成独具特色的文化符号，使游客能够在旅行观光中感知到文化的魅力。

最后，开发绿色生态旅游资源。地区旅游经济发展的另一个方向在于不断开发新的旅游资源，但如果开发旅游资源要以牺牲当地生态环境为代价，未免得不偿失。因此，在进行旅游业开发时应当引入生态化和绿色化的思想，在注重提升游客体验的同时，加强资源保护，加强环境评估，建立全面的服务系统，提高景区内的环境管控效果，让旅游产业能够与环境保护、社会发展和经济建设保持协调发展态势。

（五）提高旅游景区经营推广质量

旅游产业的发展之所以受到诸多局限，一个主要原因在于旅游产业属于经济投入总量较大的产业，地区旅游经济的发展时常面临较为严峻的经济压力。许多旅游景区为了在最短的时间内获取数量可观的经济收益，甚至不惜大幅提升门票价格，以牺牲游客口碑为代价，谋求经济利益。面对资金匮乏的情况，景区方面可以选择与企业之间建立协作关系，开拓更加广阔的融资渠道，汲取社会各方力量为旅游经济发展提供支持。各地区都已充分认识到旅游经济发展对地方经济发展的重要作用，大力促进旅游业发展，这反而导致了旅游业内部竞争力的提高，部分旅游景点面临即便占据良好的自然优势，也无法得到受众青睐的窘境。针对此类问题，需要积极采取行之有效的市场化营销手段，帮助旅游景点突破“酒香也怕巷子深”的困境。例如，可以通过开辟精品旅游路线、与影响力较大的旅游合作社签订合作合同、开发特色旅游产品等方式，提高旅游景点的社会关注度。同时，还需要给予民间团体的市场营销功能足够的重视，积极主动与各类协会、团体建立合作关系，扩大旅游营销覆盖面。还可以将网络平台作为又一宣传推广空间，发挥网络营销的良性作用，在线上平台开办产业大会，使地方旅游产业的发展能够焕发光彩。

除此之外，还需要加强国家级风景名胜区保护和开发的价值的宣传，让景区的发展能够真正惠及区域内的当地居民，从而获得当地居民更高的支持。对景区发展过程中存在的违法违规行为予以严厉的处罚。无论是违规开发、随意抬高门票价格，还是整改落实不到位、损害自然环境的行为，都应当予以严厉处罚。在勒令景区整改后，还应当持续进行检查和监督，确保整改的效用始终延续。

（六）发挥政府部门扶持引导作用

目前，地方旅游经济的发展依托旅游业的发展而进行，旅游业的发展在极大程度上促进了地区综合发展水平的提高。

首先，针对地区旅游经济发展过程中面临的各类问题，为其提供可靠的政策支持，吸引更加充裕的旅游投资。在旅游产业陷入发展逆境时给予其相应的扶持，吸引更多企业的协作，助力其走出发展困境。

其次，形成稳定的工作格局，帮助旅游产业不断寻求突破，赋予旅游产业发展更高的信心和热情。建立完善的旅游工作管理机制，选定重点旅游项目，建设旅游示范点，明确规划导向，加强旅游资源的优化整合，在必要时予以足够的资金支持。

最后，与企业建立合作关系，引导企业为旅游产业的发展提供支持，以整合政企资源的方式全面整合推广地区旅游产品，并为旅游基础设施建设提供助力，使地方旅游业的发展达到更高的基础标准。

第三节　共享经济下康养旅游产业发展策略

一、共享经济下康养旅游产业创新发展策略的分析框架

阿尔弗雷德·马歇尔在《经济学原理》中首次将共享引入产业经济领域，他提出劳动力市场共享和知识信息外溢促进了当地经济规模不断扩大。此后，一些学者将共享置于外部经济框架下研究了劳动力共享、专业化投入和服务共享等问题。2009 年哈佛大学的加里·皮萨诺和威利·史在《恢复美国竞争力》中首次提出“产业共享”,并在《制造繁荣：美国为什么需要制造业复兴》一书中对产业共享概念与思想进行详细阐释。他们从产业共享的视角分析了美国制造业衰落的原因，并提出重建产业共享以推动制造业复兴。此后，产业共享逐渐受到政府和学术界的关注与重视。借鉴国内外研究成果，提出共享经济下康养旅游产业共享的构成维度包括公共经营资源、基础设施和产业合作网络，据此构建共享经济下康养旅游产业创新发展策略的分析框架（见图 7–1）。

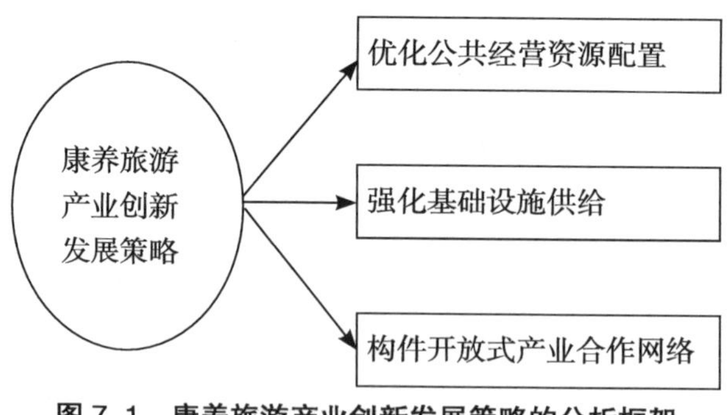

图 7–1　康养旅游产业创新发展策略的分析框架

二、康养旅游产业创新发展策略

（一）优化康养旅游的公共经营资源配置

公共经营资源是被康养旅游企业和其他企业所共有、共用的生产经营资源，如医院、公园、道路、通信等公共设施以及旅游服务中心、旅游网站、旅游 APP 等用于康养旅游产业经营的资源，它是康养旅游产业创新发展的基础和条件。公共经营资源共享的指导思想是基于共享经济理念创新开放式资源配置机制，运用系统的科学管理方法和技术，借助互联网共享平台实现康养旅游产业系统内部和外部的所有公共经营资源在需求方与供给方之间的整合与优化配置，打造无边界的公共经营资源供给，以实现整体资源最优配置和综合效益最大化目标。以共享经济理念为指导，基于“互惠互利、共享共赢”原则，建立以市场机制为核心的资源识别、资源获取、资源配置和资源利用的全过程共享配置机制，从而实现康养旅游资源共享。运用市场“无形的手”建立资源需求方、供给方、共享平台等参与主体之间紧密的利益纽带，以利益纽带优化调节公共经营资源配置，提高资源在价值链传递的效益产出。通过市场竞争使优质资源向优质康养旅游企业聚集，通过持续积累优势资源以促进康养旅游企业快速成长，并最终带动整个康养旅游产业结构的优化升级。以共享经济理念为指导，基于系统性原则，运用创新理论与技术，创新多种资源共享方式，从而实现公共经营资源的优化配置。

1.O2O 资源共享

O2O（online to offline）资源共享，即线上线下资源共享，是将线下的资源共享组织与互联网相结合，运用云计算、大数据、物联网和移动互联网等“互联网 +”技术实现康养旅游资源共享线上线下的有机联动，构建康养旅游资源共享的全渠道模式。O2O 资源共享的主要优势体现在：①突破康养旅游资源共享的时间与空间限制，实现在全球市场的 7/24（每周 7 天，每天 24 小时）资源共享，使得康养旅游公共资源共享更加方便、高效和低成本。②构建动态交互的供需关系，实现供给与需求的直接高效联系，使得供给侧更加精准地生产市场需要的康养旅游产品，使需求侧的个性化、差异化需求得到满足。康养旅游企业充分利用计算机技术和互联网技术打破传统的空间概念，将“食、住、行、游、购、娱、用、养、学、文、体”等各要素进行优化整合，组建竞争与合作相结合的动态经营网络联盟，高效率、低成本地为旅游者提供个性化的“菜单式服务”。

O2O资源共享的重点是搭建O2O资源共享网络平台，云计算、大数据、物联网和移动互联网等现代信息技术，促进康养旅游资源共享的线上线下有机联动，构建康养旅游资源需求方和供给方联系的全渠道；构建O2O资源共享的制度保障，从法律法规、政策等层面制定保障O2O资源共享的制度体系，包括信息安全、信用管理、交易制度、行业规范等。

2. 跨界资源共享

跨界资源共享，即以共享经济理念创新驱动“大康养”“大旅游”与关联产业资源的深度跨界共享，构建康养旅游资源体系。其主要内容包括：①创新驱动“食、住、行、游、娱、用、医、教”等康养旅游核心产业资源跨界共享。重点创新“医院 + 景区”“医院 + 旅行社”“医院 + 酒店”“疗养 + 旅游”等资源共享新模式，将大康养资源植入“食、住、行、游、购、娱”等旅游环节，推出“1+X”菜单式医疗旅游产品。推动医药资源深度融合旅游业，开发具有医药特色的康养旅游景区、景点、旅游线路，创新康养主题的旅游观光、养生保健、休闲度假、体验观赏和知识科普功能。新建一批“医养旅”结合的护理型旅游养老机构，推动“农家乐”转型开发田园旅居养老旅游产品。依托生态资源开发特色生态养生旅游产品。②创新驱动康养旅游相关产业和衍生产业资源跨界共享。重点推动旅游与健康用品制造业资源共享，研发一批具有原创知识产权的康养旅游设施设备和日用品；研发一批高科技含量的药食同源产品、保健功能性食品，推动中国健康美食规模化生产。推动康养旅游与咨询服务业、家政服务业、劳务服务业资源共享，促进康养旅游服务业的产品创新、功能创新、技术创新、方式创新。创新康养旅游与数字产业资源共享，将云直播、云演艺、云娱乐、云展览等新业态嵌入传统康养旅游业态，培育“网络体验 + 消费”新模式，拓展智能康养旅游新业态。

3. 跨区域资源共享

跨区域资源共享，即以共享经济理念推动康养旅游资源跨越行政区域进行一体化规划和开发利用，实现资源整体效益最大化和各区域共享共赢发展。运用政策引导和市场化手段建立康养旅游资源共享的利益协调机制、成员合作机制、业绩考核机制等资源共享机制，促进康养旅游资源的跨区域共享，形成不同尺度的地理区域范围内优势互补、协同联动发展的空间布局。在国家层面，文化和旅游部应出台优惠政策，引导资金、技术、人才等核心要素向中部、西部地区的康养旅游企业流动；搭建东部与中、西部地区的康养旅游共享平台，借助市场、业务、技术、资源共享实现国内市场的内部大循环经济效应；政策推动中、西部地区康养旅游产业集群、产业实验（示范）区、企业集团化与连锁化发展；创新特许经营、合作联营、联盟经营等市场化手段，全方位拓展东部地区和中、西部地区康养旅游企业交流合作的广度和深度，实现共享共赢发展。

4. 分时资源共享

分时资源共享，即基于共享经济理念将资源使用权分成若干个时间段，康养旅游企业之间通过市场交易、交换、合作、联盟等方式分时间段共享使用康养旅游资源，以降低资源使用成本，提高闲置资源的综合效益，缓解旅游季节性矛盾，给消费者带来高性价比的服务。康养旅游分时资源共享的重点领域：①与旅游景区分时资源共享。峡谷山川、湖泊河流、森林草原、冰川雪岭、温泉医药等康养旅游资源丰富的地区大多位于风景名胜区。国内旅游具有明显的季节性，在节假日、寒暑假等旅游旺季景区的游客数量众多，旅游资源和设施超负荷运行。而在旅游淡季，游客数量稀少、旅游资源和设施闲置问题突出。养老旅游者、疗养旅游者、银发旅游者等拥有自由的闲暇时间。康养旅游企业可以与旅游景区进行分时资源共享，康养旅游企业在旅游淡季组织旅游者在景区开展康养旅游活动，旅游景区给予康养旅游企业淡季优惠折扣价格，从而实现双赢。②与医药企事业单位分时资源共享。康养旅游企业在业务淡季时对医疗机构、医药生产与研发企业、中药种植基地、药用植物园等医药企事业单位的资源进行旅游共享开发。康养旅游企业可以在医药企事业单位的业务淡季组织主题医药观光游、专题医药文化体验游等康养旅游服务项目。聘请名医专家来景区、酒店坐诊，或者创新互联网远程健康诊断，为康养旅游者提供“一对一”定制化的健康监测、健康体检、咨询评估、养生调理、科普讲座等医疗保健服务。

（二）强化康养旅游的基础设施供给

康养旅游公共基础设施是康养旅游产业体系的重要组成部分，强化康养旅游基础设施供给应采取以下措施。

1. 构建康养旅游共享经济平台

共享经济下康养旅游产业创新发展的关键是构建系统、高效的共享经济平台。共享经济下康养旅游经济是典型的平台经济，即共享经济平台依托现代信息技术将供给侧的康养旅游市场供给和需求侧的康养旅游市场需求进行精准匹配，高效、便捷地完成市场交易的所有环节，将其打造成为全国康养旅游产业的信息中心、交易中心、结算中心和营销中心，实现资源的优化配置和利益的共享共赢。①

第一，构建全国统一的康养旅游共享经济平台。中国旅游协会联合各省（区、市）旅游协会创建国家层面的康养旅游共享经济平台，该平台在文化和旅游部以及各省（区、市）文化和旅游厅的指导下开展工作。平台应设置动态可拓展的功能模块，具备面向多类型用户服务功能。一方面，具备精准匹配康养旅游的 C 端消费者用户和 B 端企业用户的供需功能；另一方面具备面向康养旅游产业多元主体提供政务公共服务、信息数据发布与查询、交易与结算、营销宣传、研发创新、技术与咨询、中介服务等功能。多元参与主体在满足各自利益诉求的基础上实现整个康养旅游产业生态的共享共赢；同时，平台能够根据需求变化动态调整功能模块。

第二，国家康养旅游共享经济平台实施多层次、多要素联动的开放式运行机制。多层次即平台实行国家级、省级、市级多层次地域管理，既可以实行各地域的独立运行管理，又可以实现自主协调的统一运行管理，兼具分散的灵活性和集中的协调性双重优势。多要素联动即平台具有兼容康养旅游产业共享经济圈要素的开放属性。国家康养旅游共享经济平台需要能够对接政府职能、行业协会、企事业单位、社会组织等多要素的网络服务平台，将一些主流网络平台上的信息资源以及相关业务进行优化整合，实现多要素之间资源共享和分工协作。多要素之间是松散型的合作关系，基于利益纽带形成不同层次的“多边关系”；平台的边界是开放式的，平台要素可自主选择进入或退出；多要素通过动态的对话和协商机制来协调各方关系和采取协同合作的行动策略，以保证平台的灵活性和效率。

第三，运用大数据技术推广康养旅游大数据应用和服务。在遵守国家相关法律法规和保障消费者权益的基础上，运用数据挖掘方法对康养旅游共享经济平台的数据信息进行数据收集、数据分析、挖掘知识与决策应用，实现康养旅游大数据的全方位应用和服务，如产业规划决策、客户关系管理、市场信息共享、精准营销推广、高效定制服务等，以共享经济平台的大数据应用和服务促进康养旅游产业的创新发展。

① 陈雪钧，李莉．共享经济下康养旅游产业创新发展策略研究 [J]. 开发研究，2022（4）：73-81.

2. 夯实康养旅游基础设施

康养旅游基础设施是康养旅游产业发展的基础条件。夯实康养旅游基础设施重点包括以下三个方面。

第一，在重点旅游景区、A级旅游景区新建和改造升级康养旅游基础设施。将康养旅游基础设施纳入康养旅游景区评定的必备条件；在全国重点旅游景区、A级旅游景区新建一批旅游养老院、旅游疗养院、养生保健会馆、医疗机构、休闲体育场馆等；改造升级现有重点康养旅游景区的医疗、保健、养生设施设备，全面升级公共场所的无障碍设施。运用政策激励、专项财政补贴、退税政策等引导和鼓励康养旅游企业加大对移动互联网技术、大数据、云计算、智能终端等高新技术设施设备的应用，强化大数据智能化技术设备在康养旅游领域的运用，提高康养旅游领域的智慧化水平。

第二，完善和升级现代信息技术基础设施。瞄准现代信息技术前沿，加快建设5G、大数据、云计算、物联网、人工智能等新一代信息技术基础设施。支持电子信息制造业与康养旅游业的融合，创新和拓展智能设备在康养旅游的应用场景，增强康养旅游共享经济平台的硬件基础设施。康养旅游企业应利用互联网平台创新开发康养旅游产品，借助旅游官网、微信、小红书、抖音、微博等构筑线上康养旅游公共信息平台体系，为游客提供高效的康养旅游公共信息服务。促进“互联网＋康养旅游”融合发展，推动智慧康养旅游平台、智慧康养旅游城市、智慧康养旅游景区、智慧康养旅游企业、智慧康养旅游示范点建设；在疫情防控常态化时期和“后疫情”时期，康养旅游景区通过门票预约、人脸识别、智能设备、智能导游、机器人服务、在线讲解等手段创新“零接触”式康养旅游新产品。

第三，完善和优化公共基础设施。以“旅游＋”的全域旅游理念完善和优化公共基础设施，旅游主管部门应加强与交通、医疗、民政、规划等政府职能部门的协调合作；在交通、卫生医疗、无障碍设施、疗养院等基础设施规划和建设中融入更多旅游功能，实现公共基础设施的多重功能。

第四，完善和优化相关配套设施。重点加强建设康养旅游人才培养学校和培训机构、旅游科研院所、规划与咨询机构、中介机构等康养旅游相关设施。因为学校和培训机构具有投资大、回报周期长等特点，政府可以通过加大财政投入、BOT模式（建造—运营—移交）、专项基金以及政策支持社会资本投资等方式建设学校和培训机构。

（三）构建开放式康养旅游产业合作网络

1. 优化康养旅游产业结构

优化康养旅游产业结构能够促使整个康养旅游产业的协调发展，从而夯实产业支撑体系。推进康养旅游产业结构的合理化。康养旅游产业涉及食、住、行、游、购、娱、用、医、教等多个产业部门，康养旅游产业需要加大对医疗部门的投入，增加康养医院的数量；加大对人才教育的投入，尤其是康养护理人员的培养；加大体育公园的建设以响应全民健身需求；加大互联网技术投入，提升康养旅游智慧化程度。通过多种举措实现各部门之间数量比例的协调发展，从而保持康养旅游产业结构的互补性和协调性，提高综合经济效益，推进康养旅游产业结构的高级化。旅游产业结构合理化是旅游产业结构高级化的基础，以顾客需求为导向，提高信息技术的应用程度；加大对人力资本的培育，促进康养旅游部门的组织创新，加快各要素资源在部门间流动，有效利用社会分工优势以提高各部门的产出水平。提高康养旅游产业的技术构成、资源的综合利用率以及劳动生产率，促使康养旅游产业向高附加值发展，实现康养旅游产业结构向高级化迈进。

2. 建设康养旅游产业生态圈

通过构建开放式康养旅游产业合作网络以建设“医、养、体、文、林、旅、商”全产业生态圈，推进康养旅游产业与其他产业融合发展。

第一，调整康养旅游产业结构布局。以集约型发展模式重点培育康养旅游领军企业和“链主”企业。“强强联合”培育一批标杆式领军康养旅游集群，筛选和重点扶植集旅游产品研发与供应、旅游综合服务接待于一体的大型综合性康养旅游企业；运用政策调控和市场手段引导大、中型康养旅游企业通过兼并重组、合资合作、战略联盟等方式组建大型企业集团。

第二，转型培育“专精特新”“小巨人”企业。采用政策引领、产业规划等手段，引导康养旅游企业走特色发展道路。通过技术创新、管理创新和商业模式创新培育小众领域和细分市场的“专精特新”“小巨人”康养旅游企业。

第三，康养旅游产业链延伸拓展。康养旅游产业运用兼并、收购、联盟等市场手段控制或联合竞争对手的产业链、上下游产业链、跨行业产业链的重要价值活动环节，使得康养旅游产业链的价值活动环节与其他产业的价值活动发生交叉融合，形成横向一体化、纵向一体化和多元化延伸的康养旅游产业链。通过寻找康养旅游产业与体育产业、文化产业、工业、农业等关联产业之间的共同利益，实现利益驱使下的长期产业协同发展；康养旅游产业与大联产业开展协同合作，通过搭建共享网络平台，实现资源整合、技术共享、服务融合、产品延伸、营销渠道共用，以促进产业之间融合发展。

3. 合作共建产业风险防控体系

通过建立数据信息平台、完善康养旅游产业风险评估体系等方式建立风险防控体系。一是加快数据信息平台建设。康养旅游产业的各个主体在风险防控中承担着不同责任，只有各个主体之间信息共享，才能有效整合资源，形成共建共享的数据体系。在信息平台建设中，以政府和旅游业相关部门为主导，制定相关支持政策并投入相应资金，推动各产业和部门之间的协调配合。通过建立数据信息平台，实现实时信息共享，减少信息不对称所导致的风险。二是完善康养旅游产业风险评估体系。通过引入相关产业的专业风险评估机构和技术标准，综合分析评估风险体系，科学界定风险评估的内容、范围和程序。利用金融软环境与管理风险的监测评估环境指标、信用风险指标、信心风险指标、信息风险指标，建立一个完善的康养旅游产业风险评估体系。

4. 组建开放式康养旅游战略联盟

以地方康养旅游龙头企业为核心，采取政策优惠、资金支持、市场化运作等多种方式广泛吸纳企业、行业协会、中介组织、融资担保机构、高校与科研机构等多元社会组织构建开放共享的康养旅游战略联盟。战略联盟是开放式的网络组织，实施松散型的契约式管理；联盟成员之间基于利益纽带建立协同合作关系，成员企业通过对话与协商，减少分歧以增进合作。在联盟框架内各成员协同开展康养旅游产品研发与技术创新、市场开发和营销、共建预订网络和信息平台、人才交流与培养、信息共享沟通等。由于共享经济下康养旅游产业呈现多产业融合态势，这对传统的条块分割监管方式提出了挑战。从国家层面组建专门的康养旅游产业发展领导小组，以协同各级政府下属的文化和旅游部门、民政部门、体育部门、卫生部门、市场监管部门、财政部门等开展协同管理与服务，以提高政策协同性和政务服务效率。同时，领导小组以“协调人”的角色协调康养旅游产业多元主体之间的关系和利益冲突，促进多元主体之间的合作，监督与约束各方行为，维护产业生态圈的和谐秩序。按照建设“服务型政府”要求，精简行政审批事项，增强旅游公共服务职能，重点增强产业规划、政策法规咨询、信息服务、人员培训服务、旅游目的地营销等服务职能。引入科学的管理方法和手段，运用目标管理、绩效评估、时间管理、质量管理等方法，提高旅游行政管理的效率和水平。在产业布局政策上，政府相关职能部门应采取政策引导、产业规划等宏观调控手段促进康养用品制造业、医疗与养生业、文化教育业、劳务服务业、保险业等关联产业与康养旅游业融合发展。重点支持信息技术企业与康养旅游企业跨界融合，在投资、审批、税收、贷款等方面给予小微康养旅游企业更多扶持政策，重点扶持符合条件的康养旅游企业上市。

参考文献

[1] 陈昕 . 康养旅游研究 [M]. 北京：社会科学文献出版社，2022.

[2] 董良泉，童涛 . 旅游开发与区域经济发展研究 [M]. 北京：中国商业出版社，2022.

[3] 窦玉鹏 . 区域经济发展动力转换 从战略到政策 [M]. 长春：吉林大学出版社，2021.

[4] 高环成 . 产业融合背景下的康养旅游研究 [M]. 北京：中国纺织出版社，2023.

[5] 黄国良，梁盛，李晓川 . 旅游经济学基础 [M]. 北京：中国旅游出版社，2011.

[6] 李晓琴 . 生态康养旅游理论方法与实践 [M]. 成都：四川大学出版社，2021.

[7] 林源源 . 区域旅游产业经济绩效及其影响因素研究 [M]. 南京：东南大学出版社，2013.

[8] 马海龙 . 旅游经济学 [M]. 银川：宁夏人民教育出版社，2020.

[9] 马潇，韩英 . 旅游景区开发与区域经济发展 [M]. 太原：山西经济出版社，2022.

[10] 蒲波，杨启智，刘燕 . 康养旅游 [M]. 成都：西南交通大学出版社，2019.

[11] 芮田生，邓思胜，贾爱顺，等 . 旅游经济学 [M]. 北京：北京理工大学出版社，2018.

[12] 唐丽君 . 区域经济发展研究 [M]. 成都：电子科技大学出版社，2016.

[13] 王玲 . 康养旅游策划 [M]. 杭州：浙江大学出版社，2020.

[14] 杨淇钧，任宣羽 . 康养环境与康养旅游研究 [M]. 成都：四川大学出版社，2019.

[15] 张金霞 . 康养旅游研究 [M]. 天津：天津科学技术出版社，2019.

[16] 张颖婕 . 区域优势产业与区域经济发展研究 [M]. 北京：经济日报出版社，2019.

[17] 赵晓鸿 . 康养休闲旅游服务基础 [M]. 北京：旅游教育出版社，2021.

[18] 赵晓鸿 . 康养休闲旅游基础 [M]. 北京：旅游教育出版社，2021.

[19] 朱伟，马勇 . 旅游经济学 [M]2 版 . 武汉：华中科技大学出版社，2021.

[20] 陈雪钧，李莉 . 共享经济下康养旅游产业创新发展策略研究 [J]. 开发研究，2022（4）：73–81.

[21] 孙悦涵 . 浅析区域旅游经济发展和传统文化的融合 [J]. 现代营销（上旬刊），2023（3）：92–94.

[22] 张婕 . 地区旅游经济发展面临的问题与对策研究 [J]. 全国流通经济，2022（24）：122–125.

[23] 周志愿 . 区域旅游经济发展的环境条件与保障措施 [J]. 财经界，2019（15）：18–19.

[24] 陈戴生 . 西南地区康养旅游资源开发价值评价与策略研究 [D]. 重庆：重庆师范大学，2023.

[25] 郑窕 . 四川省森林康养旅游现状及其转型升级研究 [D]. 成都：四川农业大学，2018.